ATRIUM

W0058516

Menschen, die große Umbrüche erlebt haben oder in ihrem Aufwachsen von verschiedenen Gesellschaftssystemen geprägt worden sind, tragen eine zukunftsweisende Kompetenz in sich. Transformationskompetenz befähigt wandlungserprobte Menschen, wie Aufsteiger:innen und Wende- oder Migrant:innenkinder, gesellschaftliche Herausforderungen bewusst zu gestalten. Doch als Gesellschaft müssen wir diese Kraft fördern und die Voraussetzungen schaffen, dass sie verstanden und gelebt werden kann. So setzen wir ein ungeahntes Potenzial frei, mit dem wir den nötigen großen Transformationen unserer Zeit gemeinsam optimistisch entgegensehen können.

Jeannette Gusko, 1984 in Ostberlin geboren, hat Wirtschaft und Kommunikation studiert. Sie ist Expertin für gesellschaftliche Veränderungen, Sozialunternehmerin, Konferenz-Speakerin sowie Autorin. Gusko ist Sprecherin des Netzwerks 3te Generation Ost und hat u. a. die Plattformen für gesellschaftlichen Wandel Change.org und GoFundMe in Deutschland mit aufgebaut. Heute arbeitet sie als Geschäftsführerin der gemeinnützigen Recherche-Organisation Correctiv. Für ihre Arbeit wurde sie mehrfach ausgezeichnet.

Jeannette Gusko

AUF BRE— CHEN

Warum wir jetzt Menschen brauchen, die große Umbrüche bewältigt haben

Atrium Verlag · Zürich

Copyright © 2023 Jeannette Gusko
Originalausgabe
1. Auflage 2023
© Atrium AG, Zürich, 2023
Alle Rechte vorbehalten
Jeannette Gusko wird vertreten von Agentur Brauer.
Umschlaggestaltung: Annemike Werth, Hamburg
© Autorinnenfoto: Ivo Mayr
Satz: Pinkuin Satz und Datentechnik, Berlin
Druck und Bindung: GGP Media GmbH, Pößneck
Printed in Germany
ISBN 978-3-85535-144-2

www.atrium-verlag.com
www.facebook.com/atriumverlag
www.instagram.com/atriumverlag

Inhalt

Über Krisen und wie sie sich anfühlen

2008 war für mich ein umwälzendes Jahr. Ich hatte am 3. Januar meine Bachelorarbeit abgegeben. Rückblickend war das Datum suboptimal gewählt, mein Silvester war mau. Für mich stellten sich jedoch eh andere Fragen: Wie würde es weitergehen? Ich wollte einen Master studieren, in dem ich meine Fähigkeiten vertiefen konnte. Ich wollte meinen Geburtsort Berlin verlassen, hatte Lust auf Neues. Die Debatte um Masterstudienplätze war in vollem Gange. Es gab deutlich weniger Master- als Bachelorstudiengänge, Quereinstiege aus anderen Fächern wurden erschwert, die Bewerbungsverfahren waren analog und je nach Studiengang unterschiedlich. Es war unübersichtlich. Im vorherigen Wintersemester hatten zudem einige Bundesländer Studiengebühren eingeführt. Ich bewarb mich auf vierzehn Studienplätze. Für ein Auswahlgespräch fuhr ich mit der Mitfahrzentrale mit einem Transporter voller Fake-Ray-Ban-Sonnenbrillen für einen 1-Euro-Shop nach Tübingen. Der Fahrer war so übernächtigt, dass er einen Energydrink nach dem anderen kippte. Und an der ersten Raststätte erst einmal ein einstündiges Nickerchen einforderte. Im bekritzelten 1970er-Jahre-Bau der Tübinger Uni-

Fakultät für Philosophie wusch ich mir auf der Toilette die Achseln und putzte die Zähne. Eine halbe Stunde später war ich umringt von Schwäb:innen. Die Person, die die zweitlängste Anreise hatte, war aus Freiburg gekommen. Die längste Anreise, das war schnell klar, hatte ich auf mich genommen. Ich war wieder einmal allein auf neuem Terrain. Am Ende sollte ich in allen vierzehn Städten angenommen werden. Es war ein umwälzendes Jahr.

Während ich also Frühjahr und Sommer mit Arbeiten und Reisen verbrachte, braute sich in US-amerikanischen Vorstädten die Immobilienkrise zusammen. Drei Wochen bevor ich in Leipzig mein Masterstudium aufnahm, meldete am 15. September 2008 die Investmentbank Lehman Brothers Insolvenz an. Die Finanzkrise nahm ihren Lauf und wälzte um. Im Studium diskutierten wir viel. Meine Kommiliton:innen beschrieben, wie die Finanzkrise in ihnen das erste Mal in ihrem Leben das Gefühl auslöste, die Welt sei in Unwucht. Dass ihre gefühlte Sicherheit und Selbstvergewisserung Risse bekam. Dass es nicht weitergehe »wie bisher«. Wo ich auch hinblickte, wurde die Finanzkrise als Jahrhundertkrise beschrieben, für Millennials wie mich neben dem 11. September als der prägendste Einschnitt ihrer Generation betitelt. Mein Blick auf das, was mit uns und um uns herum geschah, war jedoch ein anderer. Ich fand die Auswirkungen des dominoartigen Falls von Aktienkursen auf Arbeiter:innen und Angestellte, auf Einkommensschwache und Marginalisierte krass, keine Frage. Doch ich blickte eher distanziert auf das Geschehen. Ich interessierte mich für die Ursachen und sollte später ein Praktikum bei einer großen Wirtschaftszeitung absolvieren. Die Finanzkrise löste keine existenziellen Fragen in mir aus, sie erschütterte mich nicht, sie machte mir keine Angst. Ich nahm sie als zwangsläufig eintretend hin. Im Gegensatz zu meinen Kommiliton:innen ging die Welt für mich so weiter wie bisher. Meine Erwartungen an die Welt waren genau so: Sie ändert sich, immer. Jederzeit können Stücke brechen. Gewohntes, auch Liebgewonnenes geht verloren. Neue Regeln und Normen kommen hinzu und verändern den Lauf unseres Lebens. Mich interessierte viel eher, was ich aus der Krise machen konnte. Würde Raum für Neues entstehen?

Wie konnte es also sein, dass ich einerseits vierzehn Bewerbungen schrieb, aus dem inneren Drang heraus, in jedem Fall weiter studieren zu können, und gleichzeitig die Finanzkrise als lediglich beiläufig interessant wahrnahm? Warum steuere ich recht stoisch durch Veränderungen, von groß bis klein, ziehe sie sogar an, während Sicherheit einen hohen Stellenwert in meinem Leben hat? Wie sich später herausstellte, war 2008 das Jahr, in dem ich meine Transformationskompetenz zum ersten Mal spürte.

Doch es sollte noch drei Jahre dauern, bis ich mit anderen Ostdeutschen über meine Erfahrung während des Beginns der Finanzkrise sprechen und ich den Begriff Transformationskompetenz kennenlernen würde. Ich wurde im Herbst 2011 auf den ersten Generationsgipfel des damals neu gegründeten Netzwerks 3te Generation Ost eingeladen. Ich war neugierig auf dieses Zusammentreffen, hatte ich mich bis dato doch noch nie explizit mit meiner ostdeutschen Vergangenheit oder mit der Besonderheit meiner Erfahrungen auseinandergesetzt. Auch meine Eltern hatte ich zu diesem Zeitpunkt weder zu den Umbruchsjahren befragt noch ihre Position zu verstehen oder gar herauszufordern versucht. Es ist nicht so, dass in meinem Zuhause nicht über die DDR gesprochen wurde. Sie war und ist im Gegenteil bis heute sehr präsent in unseren Gesprächen oder auf Familienfeiern. Ständig fallen teils schiefe Vergleiche oder werden vermeintliche Parallelen gezogen. Meine Eltern haben sich jedoch vielmehr einen Kokon aus Anekdoten gesponnen, den sie wieder und wieder hervorholen, ohne Nahbares preiszugeben. Mein Vater ist ein wandelndes Aphorismen-Arsenal. Meine Mutter besitzt eine ausweichende Natur bezüglich ihrer Lebensgeschichte. Sie spricht kaum einen Satz ohne das ihr typische »Na ja« am Satzende, das jede zuvor gefallene Aussage entweder entkräftet oder gleichzeitig ihre gegenläufige Interpretation zulässt. Ich liebe meine Eltern, doch auf dem Weg meiner Emanzipation als ostdeutsche Frau konnten sie mir nur wenig helfen.

Als ich also 2011 im Collegium Hungaricum nahe der Berliner Humboldt-Universität ankam, war ich zunächst eingeschüchtert. Die Macher:innen der Konferenz sprachen über Fragen von Zugehörigkeit junger Ostdeutscher, die in der DDR geboren waren, jedoch prägende Jahre ihrer Kindheit und Jugend in den 1990er-Jahren des vereinten Deutschlands verbracht hatten. Sie sprachen davon, wie sehr ihnen die mediale Berichterstattung über »den Osten« missfiel, wie wenig sie sich wiederfanden in den immer gleichen Reportagen über Arbeitslosigkeit, Rechtsextremismus und Jammerei. Und sie formulierten die vorsichtige Idee, ob sich aus diesem Verständnis als eigene Generation, in der ich mich sofort wiederfand, nicht auch eine Verantwortung ergebe, politisch zu handeln. Meine Einschüchterung wich mit jedem Programmpunkt. Mit jedem Gespräch, das ich an diesem Wochenende führte, merkte ich: Das ist meine Community. Wir teilten Erfahrungen und fanden Sprache für tief in mir liegende

Gefühle, von denen ich zuvor angenommen hatte, sie seien ausschließlich individuell, nur in meinem Kopf, nur in meiner Familie, nur in meinem Freundeskreis: Das Unwohlsein, über mein Ostdeutschsein als vermeintlich exotisch ausgefragt zu werden, das fehlende Wissen über meine Herkunft und ihre implizite, manchmal auch explizite Abwertung. Die einzige Ostdeutsche im Praktikum zu sein. Die Sprachlosigkeit der Eltern. Die fehlenden Vorbilder. Ich stellte fest, dass ich *Wendekind* bin. Und ich stellte fest, dass wir ein Verständnis teilten: Krisen sind konstant. Mir wurde bewusst, dass in den vergangenen hundertfünfzig Jahren im Osten Deutschlands fünf politische Systeme einander abgewechselt hatten. Dass sich in dieser Zeit jede Generation in einem neuen System zurechtfinden musste. Dass Systemwandel möglich ist. Ich traf auf der ganzen Veranstaltung niemanden, die:den die Finanzkrise vor existenzielle Fragen gestellt hatte. In allen Gesprächen war die Gewissheit zu spüren, dass wir schon einen Weg finden würden, weil wir bisher immer einen gefunden hatten. Das war ungemein tröstlich und atemberaubend zugleich. Es war mein ostdeutsches Erwachen und meine erste bewusste Begegnung mit meiner Transformationskompetenz.

Selbst wenn das jetzige Jahrzehnt nicht das entscheidende wäre, hätte ich dieses Buch geschrieben. Doch nun mittendrin, da sich Krise um Krise um uns Menschen herum auftürmt, von uns erschaffen und verstärkt, bin ich umso mehr davon überzeugt, dass wir als Gesellschaft viel breiter, dezentraler und gewissenhafter Probleme lösen müssen. Klimakrise,[1] Energiekrise, Verkehrskrise, Ernährungskrise, Lieferkettenkrise, steigende Ungleichheit,[2] soziale Spaltung,[3] der Rückgang der Demokratien weltweit,[4] der russische Angriffskrieg auf die Ukraine oder auch die ungleiche Digitalisierung und der Fachkräftemangel. All diese Krisen und weitere benötigen unsere volle Aufmerksamkeit und haben direkte Auswirkungen auf unsere Lebensrealitäten. Die Krisen sind hier, alle komplex, alle ineinandergreifend, alle überlappend. Uns muss bewusst sein, dass sie Symptome eines Paradigmenwechsels oder transformativen Wandels sind.[5] Wir werden künftig nie alle Möglichkeitskombinationen in ihren Wahrscheinlichkeiten erfassen und abwägen können. Krisen sind daher wie Kreuzungen – ist erst einmal eine Abfahrt gewählt, fällt es mit jedem Meter zurückgelegter Strecke schwerer, bei Irrtum wieder umzudrehen. Was wir derzeit gemeinhin unter Zukunft verstehen, wird in Anbetracht der Krisen zunehmend unstet und stimmt hoffnungslos. Krisen können uns jedoch auch eine Lehre sein, denn sie sind das Ergebnis vorheriger Entscheidungen oder Tatenlosigkeit. Welche Zukunftsszenarien wir abwägen, welche Stimmen wir darin einfließen lassen, wie wir entscheiden, hat Konsequenzen. Krisen eröffnen Möglichkeitsfenster: Wenn alles schlimm und düster ist, kommen nachweislich mehr Menschen aus marginalisierten Gruppen, zum Beispiel Frauen oder Menschen mit Migrationsgeschichte, in Entscheidungspositionen, um es zu »richten«, auch bei größerem Risiko zu scheitern.[6] Steigt der Leidensdruck, steigt die Bereitschaft, die Dinge anders zu betrachten. Bevor der Handlungsspielraum und die Lebensgrundlagen nachfolgender Generationen aufgrund der fortschreitenden Klimakrise immens schrumpfen, müssen wir die vermeintlich gegebenen Regeln der Vergangenheit und Gegenwart hinterfragen. Wir müssen hierfür den Status quo genauso begründungspflichtig machen wie mögliche Alternativen zum Ist-Zustand. In Zeiten gestauchter Transformationen sollten wir die Gegenwart nicht mit anderen Mitteln fortschreiben, sondern stattdessen eine Öffnung der Zukunft über die bislang als plausibel wahrgenommenen Zukünfte hinaus erreichen.[7] Zukünfte treten nicht einfach ein, sondern werden auch von Menschen erdacht und entschieden.[8] Der Begriff Zukünfte macht klar, dass wir uns noch entscheiden können, welche eintritt. Wir brauchen das, was die kritische Zukunftsforschung »wünschenswerte Zukünfte« nennt.[9]

Doch wie wird aus einem Unwohlsein mit dem Status quo ein wünschenswertes Morgen? Derzeit sind zu viele Menschen von der gemeinsamen Gestaltung von Zukunftsvisionen, von Innovationsprozessen und politischen Entscheidungen ausgeschlossen.[10] Eine der zentralen Ressourcen für diesen gesellschaftlichen Wandel ist die Erfahrung von Menschen, die in ihrem Leben große Umbrüche bewältigt haben. Ihre Transformationskompetenz befähigt sie, Wandel aktiv entgegenzutreten und bewusst zu gestalten. Diese Superkraft ist bislang in unserer Gesellschaft allerdings meist unerkannt, oft sogar von den Menschen, die sie in sich tragen. Doch wenn es uns gelingt, diese Ressource zu heben, setzen wir eine ungeahnte gesellschaftliche Kraft frei. Für ein »Aufbrechen« werden Umdenken und kritische Überprüfung aller unserer Annahmen notwendig sein. Wenn uns dies gelingt, können wir optimistisch in die nötigen großen Transformationen unserer Zeit aufbrechen.

Kapitel 1:

Was ist Transformationskompetenz?

Der Begriff Transformation bedeutet erst einmal einfach Wandel. Gesellschaftlicher Wandel vollzieht sich meist in einem langfristigen Prozess. Er umfasst weitreichende Veränderungen, zum Beispiel den Umstieg von Verbrennermotoren auf nachhaltigere Formen der Mobilität. Gesellschaftliche Transformationen haben handfeste Folgen für Millionen von Menschen. Weil unsere Welt heute jedoch äußerst dynamisch und vielschichtig geworden ist, sind tiefgreifende Veränderungsprozesse hochkomplex und es gibt keine Garantie für ihren Erfolg. Transformationen können nicht von einzelnen Personen allein entschieden oder kontrolliert werden – sie sind vielmehr ein Zusammenspiel vieler Faktoren wie Zeitpunkt, Ressourcen und Entscheider:innen.[1] Während eines solchen Wandelprozesses handeln Menschen immer wieder neu die Bedingungen unserer Gesellschaft aus.[2] Wie eine soziale Veränderung stattfindet, wie niedrigschwellig und mutig sie gestaltet ist, entscheidet darüber, ob sie die Gesellschaft im Sinne wünschenswerter Zukünfte bewegt. Gelingt dies nicht, wird lediglich unsere Gegenwart einen Schritt weiter in die Zukunft übertragen.

»Transformationskompetenz« als Begriff in Bezug auf Systemwandel wurde zum ersten Mal im Jahr 2012 vom Netzwerk 3te Generation Ost in die deutschsprachige Debatte eingeführt[3] und mit Konzepten der Politik- und Sozialwissenschaften sowie der (Berufs- und Wirtschafts-) Pädagogik theoretisch unterfüttert.[4] Die Definition des Begriffs ist Ergebnis wissenschaftlicher Auseinandersetzung mit biografischen Erfahrungen.[5] Es wurde erstmals untersucht, welche positiven Auswirkungen der Systemwandel Mauerfall auf diejenigen hatte, die 1989/90 Kinder und Jugendliche waren. Große gesellschaftliche Wandelsituationen bringen Störungen für die Menschen mit sich, die von der Transformation betroffen sind. Sie sind gezwungen, auf die neuen Lebensumstände zu reagieren, und können so bestimmte Verhaltensmotivationen, Eigenschaften und Persönlichkeitsmerkmale aufbauen. Das wird unter dem Begriff Transformationskompetenz zusammengefasst.[6] Insbesondere Menschen, die in ihrer Kindheit, Jugend oder in ihrem jungen Erwachsenensein Widrigkeiten überwunden haben, hoher Unsicherheit und auch Bedrohungen ausgesetzt waren, können Transformationskompetenz erwerben. Sie prägt sich unterschiedlich stark aus, und um sie einsetzen zu können, ist es nötig, dass Entscheidungen, Gedanken, Gefühle, Handlungen oder neue Wertorientierungen im Nachhinein reflektiert werden. Auch die Bewältigung möglicher Traumata hat einen Einfluss auf die Ausprägung der Transformationskompetenz. Werden sich Menschen bewusst, dass sie neue Erfahrungen gemacht und neue Kompetenzen erlernt haben, können sie in Zukunft besser und gezielter mit auftretenden komplexen Wandelsituationen umgehen.[7]

Man kann Transformationskompetenz auch als die

dauerhafte, im Inneren des Menschen entstandene Fähigkeit und Bereitschaft zum Gestalten von Wandel bezeichnen. Es ist der übergeordnete Begriff für ein ganzes Set von spezifischen Kompetenzen und vor allem ein enormes menschliches Potenzial.[8] Transformationskompetenz zu haben bedeutet nicht nur »Ich kann«, sondern auch »Ich möchte auch können«. Transformationskompetente Menschen zeichnen sich generell durch systemisches Denken und einen alternativen Blick auf Systeme aus. Sie nehmen den Status quo nicht einfach hin, sondern betrachten ihn kritisch. Sie haben die Fähigkeit, frühzeitig mögliche Szenarien zu erkennen, und stehen mit großer Offenheit dem gegenüber, was kommt. Hier profitieren sie von ihrer Fähigkeit zur Mustererkennung sowie von ihrem hohen Grad an Strukturiertheit, Ordnung, Disziplin und Selbstoptimierung. Außerdem demonstrieren sie einen hohen Grad an Selbständigkeit. Dies gibt ihnen die Sicherheit, auf jedwedes Szenario, auch auf Gefahren, reagieren zu können. Ein gutes Vorstellungsvermögen ist für sie typisch. Als Menschen, die in zwei oder mehreren Welten aufgewachsen sind, haben sie eine hohe Übersetzungs- und Vermittlungskompetenz. Sie zeigen Empathie mit anderen, haben einen ausgeprägten Gerechtigkeitssinn, ein hohes Werte- sowie Verantwortungsbewusstsein und empfinden eine starke Rechenschaftspflicht, also den Anspruch, ihre Entscheidungen nachvollziehbar zu erklären. Transformationskompetente Menschen leben ihre Haltungen mit Integrität. Sie stellen ständig die Frage, wo sie sich abgrenzen und wobei sie mitgehen wollen. Sie tragen den Wunsch in sich, zu wirken, und verspüren eine starke Motivation zur Veränderung. Dabei akzeptieren transformationskompetente Menschen Mehrdeutigkeiten und nehmen Unsicherheit als Chance wahr.[9] Da sie als Kinder und Jugendliche Umbrüchen, Widrigkeiten und Diskriminierungen ausgesetzt waren, navigieren sie Gefühle von Selbstkontrolle und Wut. Sie kanalisieren beide als Motor für Veränderung und ziehen auch Optimismus und Selbstermächtigung daraus. Oft wirken in ihnen ein sogenanntes Growth-Mindset (Wachstums-Denkweise) mit dem Hochstaplersyndrom parallel. So spielen transformationserprobte Menschen beispielsweise ihre Erfolge herunter. Verletzlichkeit zu zeigen und authentisch zu sein sind herausfordernde Ansprüche. Gleichzeitig weisen sie eine hohe Anpassungsfähigkeit auf. Sie verwenden auch das sogenannte *Code-Switching*.[10] Zuletzt lässt sich bei transformationskompetenten Menschen eine hohe gelebte Widerstandsfähigkeit beobachten (Resilienz).[11]

Um Transformationskompetenz in unserer Gesellschaft ausbilden zu können, müssen Personen doppelt sozialisiert sein, also vereinfacht gesagt von verschiedenen Gesellschaftssystemen geprägt worden sein. Transformationskompetenz wird dann entwickelt, wenn Menschen infolge einer Wandelsituation oder entlang von Systemübertritten Störungen wie etwa eine stigmatisierende Ansprache von außen erfahren und diese auflösen wollen. Auftretende Störungen können Widersprüche, Konflikte oder Überraschungen auslösen. Dies wiederum kann Anlass sein, bestimmte Kompetenzen zu erlernen. Wenn ich wiederkehrend verärgert, voller Scham, frustriert oder auch motiviert und stolz aus einer Situation herausgehe, darüber nachdenke und mich mit anderen im Gespräch darüber austausche, kann ich Kompetenzen aufbauen. Ich werde beim nächsten Mal etwas Neues ausprobieren und gehe dabei nach dem Prinzip Versuch und Irrtum vor. Oft viele Jahre später kann die Person in ähnlich gelagerten neuen Situationen auf die Erfahrungen zurückgreifen und löst Störungen automatisierter auf. So findet quasi nebenbei Lernen statt, informell entlang wiederkehrender Umbruchserfahrungen im Alltag, ohne Institutionen wie die Schule. Das Konzept von Transformationskompetenz wurde für Wendekinder bereits wissenschaftlich beschrieben und mit einer Vielzahl von Selbstbeschreibungen gelebter Erfahrungen untermauert.[12] Mich hat interessiert, wo ich weitere transformationskompetente Menschen treffen kann, wenn ich genauer hinschaue. Ich vermutete, sie insbesondere an den menschengemachten Systemgrenzen, die Klassismus[13] und Rassismus in unsere Gesellschaft eingezogen haben, aufspüren zu können. Deshalb habe ich neben der Gruppe der Wendekinder die Gruppen der Arbeiter:innenkinder, die aufgestiegen sind, und der Menschen, deren Eltern oder Großeltern migriert sind, in den Blick genommen und für dieses Buch mit Angehörigen dieser drei Gruppen gesprochen. Menschen können dabei auch zwei oder allen drei Gruppen gleichzeitig zugehörig sein – Schwarze Aufsteiger:innen, die in der DDR geboren sind, gehören genauso zu den Personen, die Transformationskompetenz entwickeln können, wie die türkischstämmige westdeutsche Aufsteigerin, die als Tochter einer Putzfrau in die Arbeiter:innenklasse geboren wurde. In allen drei Gruppen lassen sich sowohl in ihren Selbstbeschreibungen gelebter Erfahrungen als auch in der Reflexion ihrer Fähigkeiten und in ihrem wahrnehmbaren Verhalten vielfach Hinweise auf eine erhöhte Transformationskompetenz erkennen.

Natürlich gibt es auch noch weitere Personengruppen, die Transformationskompetenz aufbauen können. Menschen, die selbst migriert sind, wie meine Gesprächspartnerin, die IT-Expertin Kenza Ait Si Abbou, halte ich für im dargestellten Sinne ebenso transformationskompetent. Sie haben eine Wandelsituation mit hoher Erlebnisdichte und hoher Unsicherheit navigiert. Und auch sie werden in unserer Gesellschaft oft abwertend betrachtet. Genauso zeigt ein Blick in unsere Geschichte viele Gruppen, die vermutlich Transformationskompetenz in sich getragen und auch angewendet haben. Die Trümmerfrauen etwa sind ein solches Beispiel. Sie waren es, die nach dem Ende des Zweiten Weltkriegs eine gewaltige Transformation gestemmt haben. Wir haben ihren Beitrag für wünschenswerte Zukünfte bisher nur nicht unter den Gesichtspunkten von Transformationskompetenz betrachtet und das Geleistete auch im Zweifel wieder vergessen oder nicht wertgeschätzt. Dies geschah auch, weil nach einem Fenster, in dem Transformation möglich war, ein Backlash folgte, ein historisch betrachtet immer wiederkehrendes Muster. Im Fall der Trümmerfrauen war das die Retraditionalisierung der 1950er-Jahre. Gegenwärtig stehen wir wieder vor einem solchen Fenster, in dem Raum für Transformation ist, diese Gabelung jedoch auch in Chaos und Unterdrückung münden kann.[14]

Es gibt in allen Bevölkerungsgruppen Menschen, die aufgrund verschiedener Erlebnisse Transformationskompetenz entwickelt haben, und wir alle profitieren davon, wenn sie ihre Kompetenz entdecken und sie in den Diskurs und durch ihr Handeln einbringen. Ich konzentriere mich jedoch auf die Gruppen der jungen Ostdeutschen,

Aufsteiger:innen und Menschen mit Migrationsbiografie der zweiten und dritten Generation, da die Erfahrungen, die sie aufgrund ihrer Gruppenzugehörigkeit gemacht haben, sie dafür prädestinieren, Transformationskompetenz auszubilden, und sie diese in ihren prägenden, ihren sogenannten formativen Lebensjahren gemacht haben. Alle drei Gruppen eint, dass sie strukturellen Barrieren unterworfen sind, die es ihnen erschweren, ihre Transformationskompetenz in der Gesellschaft einzubringen. Sie haben nur selten Anteil an der Erb:innengeneration: Sie verfügen kaum über traditionsreiche Netzwerke der Eltern, sie sind selten ausgestattet mit familiärem Startkapital, um in eine Idee, in ein Geschäftsmodell oder in Eigentum investieren zu können. So zieht sich der Faktor soziale Klasse durch alle drei Gruppen und verknüpft sie auch untereinander. Wendekinder sind größtenteils Arbeiter:innenkinder, da ihre Eltern in einem Arbeiter- und Bauernstaat lebten. Von ihnen ist wiederum ein nicht unerheblicher Teil durch Bildung in der sozial durchlässigeren Nachwendezeit aufgestiegen. Ebenso stammt ein Großteil der Kinder mit Migrationsbiografie aus Arbeiter:innenfamilien, da ihre Eltern oder Großeltern sogenannte Gastarbeiter:innen oder Vertragsarbeiter:innen waren. Trotz Diskriminierung haben viele von ihnen einen Bildungsaufstieg erreicht. In den drei Gruppen zeigen sich vielfache Parallelen im Aufwachsen, und wie Transformationskompetenz über gelebte Erfahrungen erworben wurde.[15] Das bedeutet jedoch nicht, dass diese Erfahrungen gleich sind.[16] In Debatten um Wendekinder werden die Perspektiven Schwarzer Menschen oder von Personen of Colour bislang kaum einbezogen.[17] Die Impulse, die es zu intersektionaler Betrachtung der drei

Gruppen gibt, also einer Betrachtung, die letztlich das Zusammenspiel der verschiedenen Diskriminierungsformen der drei Gruppen beachtet, kommen meist aus der zivilgesellschaftlichen Empowerment-Arbeit sowie der Popkultur.[18]

In den USA gibt es eine Redewendung, die den großen Einsatz der Migrant:innen verdeutlicht: Wenn du willst, dass es gut wird, frag eine:n Migrant:in. Einer Studie zufolge sind dementsprechend zwei Drittel aller Start-ups in der Größenordnung wie SpaceX, Miro, Stripe oder der Messaging-Dienst Discord von Migrant:innen (mit-) gegründet.[19] In Deutschland hingegen ist Biontech, das Pharma-Unternehmen, das innerhalb kürzester Zeit einen Impfstoff gegen die Covid-19-Infektion entwickelte, mit seinen Gründer:innen Uğur Şahin und Özlem Türeci eine Ausnahmeerscheinung. In Ostdeutschland gibt es mit Staffbase nur ein einziges Start-up dieser Größe – und das auch erst seit kurzem. Das zeigt, dass die Angehörigen der drei Gruppen hier nicht entsprechend ihrer Innovations- und Zukunftsbeiträge an Macht, Einfluss und Vermögen teilhaben. Sie stoßen auf »Decken aus Panzerglas«, wie es kürzlich Carsten Schneider, der Staatsminister und Beauftragte der Bundesregierung für Ostdeutschland, mit Blick auf die verschwindend geringe Repräsentation Ostdeutscher in Elitepositionen der Bundesverwaltung ausdrückte.[20] Ganz gleich, wie hochqualifiziert sie sind und wie groß ihr Beitrag zur Richtungsweisung unserer Zukunft ist, wenn in unserer Gesellschaft von Exzellenz gesprochen wird, kommen die Mitglieder der drei Gruppen kaum vor und ihnen wird wenig Raum gegeben, um ihre Qualifizierung einzusetzen.

Transformationskompetenz wird dann in Menschen aufgebaut, wenn sie in ihrem Alltag als Kinder und Jugendliche Störsituationen erfahren und sie diesen sogenannten informellen Lernanlass für Veränderung nutzen. Es gibt Anlässe, die Angehörige bestimmter Gruppen teilen. Entweder weil sie zu einem gewissen Zeitpunkt gehäuft auftreten oder weil es sich um gruppenspezifische, wiederkehrende strukturelle Barrieren handelt. Gelebte Erfahrungen von Menschen und Berichte darüber haben einen hohen Stellenwert für die Wissenschaft. Sie ermöglichen einen im besten Sinne sozialen Zugang zu Menschen, aus dem Theoriebildung entsteht. Ein Ziel der Konzeptionalisierung von Transformationskompetenz junger Ostdeutscher war immer auch ein Narrativ von Selbstermächtigung von »staatstragender Bedeutung«.[21] Diese Art der Wissensproduktion wird nicht nur häufig unterschätzt, sie wird auch systematisch entwertet gegenüber quantitativer – also statistischer – Datenerhebung. »Das wirklich schwierige Problem besteht darin, dass das fragmentierte Wissenssystem der Gegenwart nicht in der Lage ist, die eigentlichen Herausforderungen der Menschheit zu bewältigen, weil es die Erfahrungsseite der Realität vernachlässigt«, schreibt die Autorin Minna Salami in ihrem Buch *Sinnliches Wissen* zu Wissensproduktion, die auf gelebten Erfahrungen beruht. In ihrem Buch unterstreicht Salami die Errungenschaften der Aufklärung sowie die Vorteile quantitativer Datenerhebung und -auswertung. Doch sie betont auch, dass die Weiterentwicklung der quantitativen Wissensproduktion nicht zu weisen, wirtschaftlich gedeihenden und gleichberechtigten Gesellschaften geführt hat. Vielmehr bestehen darin weiterhin soziale Ungleichheit, Rassismus oder Armut fort.[22] In meinem Buch zentriere ich deshalb die gelebten Erfahrungen transformationskompetenter Menschen, denn gelebte Erfahrungen von Menschen stellen einen in sich hohen Wert dar, Zukünfte sind vielfältig und noch nicht eingetreten und wir brauchen neue Narrative zum Überwinden bestehender Strukturen.

Das Netzwerk 3te Generation Ost hat einige individuelle innere Prozesse sowie strukturelle Voraussetzungen herausgearbeitet, die notwendig sind, um Transformationskompetenz sowohl ausbilden als auch anzapfen und anwenden zu können:

Reflexionsgrad: Hat biografische innere Arbeit stattgefunden? Sind mir wichtige, auch schmerzhafte Erlebnisse aus der Kindheit und Jugend bewusst (geworden)? Hat eine Reflexion darüber stattgefunden, warum ich auf eine bestimmte Art entschieden, gedacht, gefühlt oder gehandelt habe? Mit den erlebten Widrigkeiten, der Unsicherheit, dem Mangel und auch den Bedrohungen in der Kindheit gehen tief eingeflochtene Glaubenssätze, Verletzungen und Traumata einher. Werden diese nicht von den Personen reflektiert, von außen anerkannt und sensibel bearbeitet, wird die Transformationskompetenz einer Person eine individuell wie gesellschaftlich ungehobene Ressource bleiben.[23]

Intergenerationales Storytelling:[24] Schätzen meine Familie, meine engsten Freund:innen und ich selbst meine gelebten Erfahrungen wert? Welcher Wert wird meinem Wissen und meiner Arbeit gesamtgesellschaftlich beigemessen und welche Selbstvergewisserung kann ich daraus ziehen? Wie werden innerfamiliär im Rückblick die Wandelsituation und der Umgang mit Störungen interpretiert – als

Erfolgsgeschichte, als Arbeitsaufwand, der sich lohnte? Kann ich die Werte benennen, nach denen ich lebe, und verstehe ich, wie meine gelebten Erfahrungen zu ihnen beigetragen haben? Habe ich gelernt, wie ich biografische innere Arbeit verrichten kann? Hatte ich Zeit und Raum für solche Reflexionen?

Unterstützung: Habe ich Stärkung und/oder einen liebevollen Umgang durch ein Familienmitglied oder eine Bezugsperson erhalten?

Selbstwirksamkeit: Erkenne ich an, dass ich besondere Erfahrungen gemacht und neue Kompetenzen erlernt habe?

Brafe Spaces:[25] Finden transformationskompetente Menschen Sicherheit, Ruhe und Empowerment, aber auch Herausforderungen vor? Sind sie Teil von Netzwerken und werden ihre eigenen Erfahrungen darin anerkannt?

Verantwortungsübergabe: Verantwortungsvolle Rollen müssen transformationskompetenten Personen strukturell zur Verfügung stehen. Ist es ihnen nicht möglich, erneut Wandelsituationen mitgestalten zu können, kann die Transformationskompetenz einer Person versiegen.

Zu oft wurden in unserer Gesellschaft neue Fragen mit alten Antworten beantwortet. Zu oft wurden schnelle Übergangslösungen gesucht, anstatt strukturelle Probleme grundlegend anzugehen. Ist der Leidensdruck aus Klima-Kipppunkten, sozialer Spaltung, Fachkräftemangel, drohendem Wohlstandsverlust und dem mangelnden Vertrauen in Eliten[26] diesmal groß genug, um Verantwortungsübernahme überall, vielfältige Problemlösungen und neue Allianzen zu priorisieren? Was wird schneller ansteigen? Der Meeresspiegel oder die Führungsverantwortung und Gestaltungsmöglichkeiten derer, die Transformation können?[27]

Zweifellos werden Menschen sich kontinuierlich weiterbilden müssen, um transformativen Wandel mitgestalten zu können. Transformationskompetente Menschen können aber bereits vieles, was andere in formeller Bildung zu Transformation erst erlernen werden müssen. Sie sind transformationszertifiziert dank ihrer gelebten Erfahrungen und ihrer Reflexion darüber. Das ist das große Potenzial, dessen wir uns gesamtgesellschaftlich klar werden und das wir einsetzen sollten. Für dieses Buch habe ich das Kompetenzset, woraus sich Transformationskompetenz speist, erstmals aufgefächert und nachvollziehbar gemacht.

Ich nutze hierfür das Konzept der sogenannten *Future Skills*,[28] diskutiert von internationalen Akteur:innen von der OECD und dem World Economic Forum bis hin zum Stifterverband und Pionier:innen aus dem sozialen Unternehmer:innentum. Letztere haben insgesamt dreißig Fähigkeiten herausgearbeitet, denen bereits heute für die Gestaltung unserer Gesellschaft große Relevanz zugeschrieben wird.[29] Daraus ergeben sich vier Kategorien von Zukunftsfähigkeiten, die für das Aufbrechen in den gesellschaftlichen Wandel zentral sind.

Eine Kategorie von Zukunftsfähigkeiten ist das *Denken von Zukünften in Zusammenhängen*: Hier stehen Fähigkeiten wie zum Beispiel Changemaking oder systemisches Denken im Zentrum. Changemaking bedeutet, dass eine Person Bedingungen hinterfragt, die generell als unumstößliche Realität gesetzt werden, daraus neue Erkenntnisse gewinnt und so neue Bedingungen schaffen kann. Systemisches Denken wiederum beschreibt die Fähigkeit, Verbindungen zu erkennen, sodass Komplexität verstanden und ausgehalten werden kann.

Eine weitere Kategorie ist die der *Inneren Arbeit und Agilität*: Beispiele sind Entscheidungsfähigkeit (basierend auf rationalen, intuitiven und situativen Faktoren), Lernfreude, Resilienz oder Transformabilität (»Ich bin bereit, mich zu verändern und mich an veränderte Umstände anzupassen«). Allen Fähigkeiten ist gemein, dass die Person, die sie beherrscht, mit jedweder zukünftigen Situation umgehen kann und entscheidungsfähig bleibt. Entweder weil sie Widerstandskräfte aufgebaut hat, weil sie bereit ist, sich neuen Gegebenheiten anzupassen, oder weil sie bereit ist zu lernen.

Eine dritte Kategorie von Zukunftsfähigkeiten umfasst die fortwährende *Beziehung zu anderen*: Beispielhaft sind Beziehung und Kollaboration (»Ich kann andere Menschen für meine Vorhaben gewinnen, mich mit ihnen verbinden und gemeinsam an etwas arbeiten«), Kommunikation, Konfliktlösung oder Multiperspektivität (»Ich kann unterschiedliche Perspektiven wahrnehmen, mit unterschiedlichen Perspektiven umgehen und Perspektivenvielfalt produktiv nutzen«). Weil Zukunftsgestaltung aufgrund globaler Zusammenhänge und Abhängigkeiten sowie aufgrund gestiegener Ansprüche aller Beteiligten nicht allein gelingen kann, sind Beziehungs- und Bindungsfähigkeiten grundlegend wichtig.

Eine vierte Kategorie fasst Fähigkeiten zusammen, die *Möglichkeiten zu Realitäten werden lassen*, zum Beispiel Unternehmer:innentum, Führung, Storytelling oder die sogenannte Future Literacy. Letztere meint, dass ich eine Intuition für das Kommende entwickle, insbesondere für Möglichkeitsfenster in der Zukunft. Diese Fähigkeiten ermöglichen es ihren Träger:innen, ihre Vorstellungen wünschenswerter Zukünfte in die Realität zu bringen, also sowohl mit der Formulierung einer Vision Menschen begeistern zu können als auch die Schritte zu gehen, die es für eine Umsetzung braucht.

In den nachfolgenden drei Kapiteln möchte ich veranschaulichen, wie Menschen der drei Gruppen das Kompetenzset für Transformation erworben haben und was ihre Erfahrungen mit ihnen gemacht haben. Es soll klar werden, wie sie auf heute neue Situationen reagieren und welchen Hürden sie gegenüberstehen. Alle Erfahrungen können sich überschneiden und ergänzen. In sich sind die drei Gruppen jeweils sehr heterogen und ihre Erfahrungen und Lebenswelten können sich stark unterscheiden. Die Erfahrungen von ostdeutschen Nachkommen vietnamesischer Vertragsarbeiter:innen sind zum Beispiel andere als die von türkischstämmigen Bürgerlichen. Im Kapitel zu jungen Ostdeutschen teile ich vor allem meine biografischen Erfahrungen. Die Kapitel zu Aufsteiger:innen und Migrationskindern beruhen auf Gesprächen mit Angehörigen dieser Gruppen über ihre Erlebnisse und Perspektiven. In Absprache mit und auf Bitte meiner Interviewpartner:innen werden sie teils namentlich genannt und beschrieben und teils anonymisiert, wenn sie so offener sprechen konnten.

Kapitel 2:

Junge Ostdeutsche:
Die System-Wolperdinger

Als die Geschichte endete

»Ich war ein Kind, als die Geschichte endete.« So beschreibt es die im heutigen Albanien geborene Professorin Lea Ypi in ihrem Buch *Frei* mit Bezug auf das berühmte Zitat des Historikers Fuji Fukuyama über den Zusammenbruch der UdSSR – und genauso war es auch für mich. Ich wurde im Mai 1984 im Maria Hilf Krankenhaus im Stadtteil Pankow in Ost-Berlin geboren. Fünf Jahre und fünfeinhalb Monate später war mein Leben ein anderes. Am 9. November 1989 gewann der VfB Stuttgart das einzige Mal in seiner Vereinsgeschichte im DFB-Pokal gegen den FC Bayern München – und meine Familie erfuhr vom Fall der Mauer aus dem Westfernsehen. Mein Vater ging zu meiner Mutter in die Küche: »Die Mauer ist gefallen.« So wird es während des Spiels im Tickertext eingeblendet. Meine Eltern glaubten dem Ganzen erst nicht. Sie betraten West-Berlin erst sechs Tage später.

Die Friedliche Revolution, die uns Kinder zu Wendekindern werden ließ, ist historisch einmalig. Dass es meiner Community möglich war, mit friedlichem Widerstand, unter Gefahr für Leib, Leben und für die eigene Familie, ein unterdrückendes System zu überwinden – das scheint sowohl im Rückblick als auch mit Blick auf andere soziale Bewegungen von Menschen, die frei leben wollen, überwältigend groß und erfüllt mich mit Demut. Sprachlich tut die Mehrheitsgesellschaft diesem Systemwechsel Unrecht und mir weh, wenn sie von »Mauerfall« oder »Wende« spricht. Nichts ist einfach so gefallen. Nichts hat sich gewendet. Es waren Menschen, die über sich und ihre Angst hinauswuchsen, Menschen, die große Hoffnung auf eine Verbesserung ihrer Lebensumstände und auf politische Reformen in sich trugen, die ein kurzes Möglichkeitsfenster nutzten, ein kaputtes System zu überwinden. People Power, Baby. Für kurze Zeit waren die Friedliche Revolution und der Zusammenbruch der DDR von historischer, globaler Bedeutung. Doch bereits einige Monate später, spätestens mit dem Jahresbeginn 1991, spürten die Menschen in Ostdeutschland, wie ihre Belange, Wünsche und Vorstellungen bereits wieder an den Rand gedrängt und bedeutungslos geworden waren.

Unsere Kindheit in der DDR war von einer starken Politisierung und Militarisierung des Alltags überschattet. Mit dem hohen Maß an Unfreiheit unter den Regeln der Sozialistischen Einheitspartei Deutschlands (SED) prägte das politische System der DDR den Lebensweg und die Entscheidungen unserer Eltern und schränkte sie ein – auch für uns Kinder. Der Staat gab den institutionellen und pädagogischen Sozialisationsrahmen für die erste Phase unseres Aufwachsens vor. Kinderkrippe, Kindergarten, Schule und Ausbildung folgten dem Ideal der Erziehung zur »sozialistischen Persönlichkeit« im Kollektiv.

Eine Individualisierung war vom System nicht vorgesehen oder erwünscht. Erst später, nach dem Fall der Mauer, begannen sich die Lebensverläufe der Ostdeutschen zu Individualbiografien aufzufächern. Neben den klar formulierten Regeln des Systems und seinen Grenzen war das Leben in der DDR durchzogen von einer Grauzone des Unausgesprochenen: DDR-Bewohner:innen gingen in ihrem Alltag jederzeit davon aus, überwacht, abgehört und überprüft zu werden. Meine Eltern kategorisierten ihre Mitmenschen dementsprechend als »Tomaten« und »Radieschen«, also als außen wie innen sozialistisch-rot oder nur außen. Für unsere Eltern und älteren Geschwister bedeutete das Abweichen vom Vorgeschriebenen immer ein Abwägen zwischen Selbstausdruck, Haltung sowie Wünschen und den Risiken einer möglichen staatlichen Repression. So lernte mein älterer Bruder, auf die Frage, wie die Uhr vor den Nachrichten aussehe, zu sagen, sie habe Striche. Denn anders als bei der *Aktuellen Kamera* hatte die eingeblendete Uhr vor der *Tagesschau* Punkte. Der bloße Verdacht oder gar die Entdeckung von Regelbrüchen konnte schwerwiegende Folgen nach sich ziehen. Dies reichte von subtilen Drohungen an der Arbeitsstätte über versagte Lebenschancen, psychischen und wirtschaftlichen Druck wie ein Studier- oder Arbeitsverbot bis hin zu Verhören, Folter, Haft und Tod. Und diese Risiken betrafen immer auch die Familie.

Meine Eltern gehören jener Altersstufe an, welche die wirtschaftlichen Verwerfungen besonders verheerend trafen. Nach dem Mauerfall arbeitete mein Vater als mittlerer Sachbearbeiter bei der BEWAG, den Berliner Energiebetrieben. Eine glückliche Fügung für ihn, denn seine

Berufstätigkeit war einigermaßen abgesichert. Er jedoch, der als studierter Ingenieur für Wasser- und Wärmetechnik ein ganzes Kraftwerk konstruiert hatte, empfindet seine Nachwendetätigkeit bis heute als Rückschritt. Meine Mutter wurde in der Nachkriegszeit geboren. Ihre Eltern und ihre Schwester starben früh an den bitteren Folgen des Krieges. Sie und mein Onkel wurden bei Tanten groß. Zum Zeitpunkt des Mauerbaus wird ihre Familie erneut zerrissen. Meine Mutter ist studierte technische Textilingenieurin und berechnete den Plan für die Herren- und Damenkonfektion der gesamten DDR. Als es ab 1990 zu den »Abwicklungen« der DDR-Betriebe kam, war meine Mutter unter den ersten Entlassenen. Erst bricht ihr Leben auf, dann zusammen. Doch sie rappelt sich wieder auf und fängt an zu hangeln: von einer ABM-Stelle zur nächsten, von einem Minijob zum anderen. Sie, die nähen, stricken, häkeln, technisch zeichnen und schwere Maschinen bedienen kann. Sie, die noch eine Weiterbildung zur Bürokraft macht. Sie, die Kinder liebt und so gut basteln kann. In der BRD gibt es ihren Beruf nicht mehr. Als Bürokraft schafft sie den Sprung zur selbstbewussten Arbeit mit Computern nicht mehr. Für die Arbeit mit Kindern fehlt ihr die pädagogische Ausbildung. Bis zu ihrem Renteneintritt im Jahr 2013 findet meine Mutter nie wieder in eine erfüllende Erwerbsbiografie zurück. Viele Leben in ostdeutschen Familien sind wie die meiner Eltern von den Traumata der deutschen Geschichte durchzogen. Von den Einzelnen oft nicht als solche erkannt und beschrieben, ja sogar als mögliche Opfer-Zuschreibung abgelehnt, sind die Traumata kaum aufgearbeitet worden. Nicht nach 1945, nicht nach 1961, nicht nach 1989. Jede ostdeutsche Familie, die ich kenne, hat Geschichten des Verlusts und der verwehrten oder nicht wahrgenommenen Chancen, vor allem aus der Nachwendezeit. Und viele Geschichten von Vertragsarbeiter:innen und ihren Kindern sind noch überhaupt nicht erzählt. Eine heute vorherrschende Meinung in der Wissenschaft ist, dass viele der gesellschaftlichen Verwerfungen, die wir heute in Ostdeutschland sehen – eine erhöhte Autoritätsorientierung und antidemokratische Einstellungen –, vor allem auf Herabsetzungen, wirtschaftliche Ungerechtigkeiten, fehlende Möglichkeiten, den Verlauf der eigenen Geschichte mitzuentscheiden, sowie die massive Abwertung der Lebensläufe und -erfahrungen der DDR-Bürger:innen in der Nachwendezeit zurückzuführen sind.

Mit dem Verlust des Arbeitsplatzes fand für Ostdeutsche neben der materiellen Verunsicherung eine identitäre Auflösung statt.[1] Die DDR als Arbeiter- und Bauernstaat war im Kern um kollektive Arbeit strukturiert, nicht um das Individuum und seine Bedürfnisse. Nach der Wiedervereinigung behielt nur jede vierte Person in Ostdeutschland ihren Job. 3,75 Millionen Ostdeutsche sind in Frührente gegangen. Fast jede Familie war von diesem Verlust von Arbeitsplätzen betroffen. Dies hat ein massives Gefühl der Abwertung und des Aussortiert-Werdens erzeugt, von dem sich viele nicht mehr erholt haben. Am 1. Juli 1990 wurde die Treuhand eingesetzt, die fortan über die Zukunft vier Millionen Ostdeutscher entschied und eine historisch nie gesehene, unfassbar einschlagende Umverteilung umzusetzen begann. Die Treuhandanstalt übernahm achttausend Kombinate und Betriebe. Sie verkaufte ca. fünfzigtausend Immobilien, knapp zehntausend Firmen und mehr als fünfundzwanzigtausend Kleinbetriebe. Und nur ein minimaler Anteil blieb in ostdeutschen Händen:

»Das einstige Volkseigentum ist zu 85 Prozent an West-deutsche, zu zehn Prozent an internationale Investoren und nur zu knapp fünf Prozent an Ostdeutsche über-tragen worden.«[2] Ich muss manchmal schief schmunzeln, wenn heutige Forderungen nach Umverteilung mit dem Hinweis abgewürgt werden, dies sei eine Utopie und nicht Realpolitik. Ich verbinde die Nachwendezeit mit einem kollektiven Gefühl des Zustoßens – schnell, unvorherseh-bar und brutal. Die Nachwendezeit machte Menschen zu Objekten, denen etwas geschah oder denen etwas angetan wurde. Wenn eine solche Erfahrung als bedrohlich wahr-genommen wird, kann sich daraus ein Trauma entwickeln. Traumata können sich vielfältig zeigen, etwa in Angst und Stress, zum Beispiel anhand eines erhöhten Herzschlags, Schlaflosigkeit oder immer kreisender Gedanken. Trauma muss sich aber nicht sofort in Leid ausdrücken. Hand-lungsunfähigkeit auszuhalten, z.B. in der Abwesenheit jeglichen Gefühls wie in der Nachwendezeit (in der Psy-chologie auch als *Languishing*[3] bekannt), ist eine Lebens-leistung. Sie zu spüren oder zu beobachten, wappnet für ähnliche Situationen in der Zukunft.

Während der Nachwendezeit herrschte eine Unordnung, welche die komplexe ostdeutsche Gesellschaft auseinan-derstieben ließ. Einerseits versuchten Bürgerrechtler:innen, Freiheit und demokratische Mitbestimmung in gesamt-deutsches politisches Handeln einfließen zu lassen und zu institutionalisieren. Andererseits herrschten Gewalt und Rassismus,[4] die noch bis heute anhalten.[5] So fand im August 1992 in Rostock-Lichtenhagen eines der bis-lang schwersten rassistischen Pogrome seit dem Ende des Nationalsozialismus statt. Knapp ein Jahr vorher wurde bereits in Hoyerswerda ein Wohnhaus von Vertragsarbeiter:innen angegriffen, über dreißig Menschen wurden verletzt. Der Staat und seine Institutionen, insbesondere die Polizei, waren bei solchen Übergriffen meist abwesend oder sahen sich als nicht zuständig. Zivilgesellschaftliche Strukturen vor Ort waren kaum vorhanden. Vietnames:innen und andere Vertragsarbeiter:innen waren nach dem Mauerfall vom öffentlichen Leben größtenteils ausgeschlossen, und ihre Sorgen und Bedürfnisse wurden nicht beachtet. Ich erinnere mich an tägliche rassistische Herabsetzungen und Diskriminierungen gegenüber Vertragsarbeiter:innen und ihren Familien in unserer Siedlung. Als ein Nachbarhaus zeitweise als Wohnheim umfunktioniert wurde, regte sich wochenlanger lauter Protest unter der sehr homogenen weißen Anwohner:innenschaft. Das Wohnheim gab es nicht lange.

Wie sehr meine Kindheit und Jugend von Gewalt, politischer Polarisierung und Rechtsextremismus durchdrungen war, realisierte ich erst viel später, insbesondere durch die vom Journalisten Christian Bangel angestoßene Debatte um die sogenannten Baseballschlägerjahre in Ostdeutschland.[6] »Zecken schlagen« und rechte Hinterhalte waren an der Tagesordnung. Ich erkenne das Gewaltmonopol des Staates uneingeschränkt an, aber damals war die Antifa eines der wenigen aktiven organisierten Bündnisse, die sich rechter Gewalt entgegenstellten. Linke Aktivist:innen haben Leben gerettet. Immer wieder fanden große rechte Demonstrationen am Tierpark und im Weitlingkiez statt. Berlin-Lichtenberg war eine Hochburg der Anhänger:innen der PDS – später Die Linke – und zugleich Treff- und Organisationspunkt von Rechtsextremen. In der Lück- und Weitlingstraße befanden sich damals von Rechtsextremen besetzte Häuser – die wohl einzigen in Deutschland. Ich wusste früh, was Stahlkappen sind, wer rote und wer weiße Schnürsenkel trug und wem ich besser aus dem Weg ging. Eine Person in meinem Umfeld wohnte in einem anderen Plattenbaugebiet. Sie erzählte mir bei ihrem zwölften Geburtstag, dass sie ganz bewusst Teil einer Gang wurde, um besser geschützt davor zu sein, »angestochen und abgezogen« zu werden. In meinem Gymnasium waren viele Jugendliche in der Antifa organisiert oder standen ihr nahe. Ich verbrachte viel Zeit auf linken Gegendemonstrationen und Soli-Partys.

Die Verrohung, die die Nachwendezeit prägte, schlug sich auch in unseren Familien nieder. Unter anderem zeigte sich das in unserer Sprache. Sie brachte eine Härte zum Ausdruck, von der ich lange nicht wusste, dass sie nicht in allen Familien so vorherrschte. Auch bei Freund:innen zu Hause vermengten sich Vorwürfe innerhalb der eigenen Familie mit der eigenen Aufwertung durch eine Abwertung anderer. Es wurde geschrien oder alle redeten gleichzeitig. Gespräche wirkten oft vereinzelt, es wurde wenig zugehört. Bei uns in der Familie wurde während des Essens oft gar nicht gesprochen.

In späteren Coachings realisierte ich: Als Einzelkämpferin war ich anderen gegenüber auch unfair, oft ignorant ihren Gefühlen gegenüber. Viele Jahre später habe ich einige von ihnen um Entschuldigung gebeten, nicht alle haben es angenommen. Meine Gesprächspartnerin Kristina Kämpfer drückt es so aus: »Wir versuchten und versuchen, unser Ding zu machen, doch oft fehlt Empathie und kollektiver Zusammenhalt.« Erst später habe ich mich mithilfe von Reflexion meiner Beziehungsfähigkeit, Wir-Orientierung, Empathie und Solidarität mit anderen gewidmet. Dieser Zugang zu mir selbst und anderen war immer da, ich hatte ihn jedoch zur Seite geschoben, als weniger nützlich eingeordnet. Je mehr ich mich nach dem Studium meinem feministischen und ostdeutschen Engagement widmete, desto stärker entdeckte ich in dieser Gemeinschaft Freundschaft, gegenseitige Unterstützung, den Wert tiefer Beziehungen, Loyalität und gemeinsame Freude als tief in mir liegende Wertvorstellungen wieder. *Kindness*, also die Zugewandtheit und Freundlichkeit sich selbst und anderen gegenüber, ist heute einer meiner wesentlichen Werteanker.

Doppelte Sozialisation: Zwischen alt, jetzt und neu

Mit dem 3. Oktober 1990 wurden alle Bewohner:innen der DDR zu Bundesbürger:innen des wiedervereinigten Deutschlands. Von dem neuen Land, in dem wir von heute auf morgen gemeinsam lebten, besaßen wir Wendekinder ein durch Eltern und Schule unklar vermitteltes Bild. In der Forschungsliteratur sind Wendekinder definiert als etwa zwischen 1975 und 1985 in der DDR geboren und nach der Wiedervereinigung erwachsen geworden. Wir sind in unseren prägenden Jahren in zwei politischen Systemen, in zwei Staaten aufgewachsen: in der Deutschen Demokratischen Republik und in der wiedervereinigten Bundesrepublik Deutschland. Uns eint eine zeithistorische Verbindung um den Mauerfall am 9. November 1989 und unsere daraus folgende doppelte Sozialisation. Als Kinder und Jugendliche lernten wir ein politisches, wirtschaftliches, gesellschaftliches und kulturelles System kennen und durchlebten seinen Zusammenbruch. Parallel lernten wir über unsere Alltagserfahrungen ein neues System, seine Normen und Regeln kennen. Lernen bedeutete, dass wir das, was wir kannten, auf seine Verwertbarkeit im neuen Land prüften. Einiges ersetzten wir vollständig, anderes ergänzten wir.

Diese doppelte Sozialisation, wir erlebten sie als ein »Durchwurschteln« von einem Tag zum anderen. Wenn es keinen Plan gibt, lebt man von Situation zu Situation und begegnet Unsicherheiten und Widrigkeiten immer wieder neu. Eine Lehre aus der Nachwendezeit für Wendekinder ist, dass man irgendwie durchkommt, egal, was kommt. Wir haben uns einmal durchgewurschtelt, wir werden es wieder tun können – wie mein Kindheitsheld MacGyver. Aus diesem erfolgreichen Durchwurschteln – oder auch MacGyvern – haben wir die Fähigkeit aufgebaut, heute und in Zukunft eine Situation aushalten, bewältigen und gestalten zu können, wir haben Transformationskompetenz entwickelt. Das war uns einfacher möglich als unseren ostdeutsch sozialisierten Eltern oder Großeltern, weil der Systembruch in unsere formative Lebenszeit von Kindheit und Jugend fiel. Im Gegensatz zu unseren Eltern waren wir formbar, saugten Neues auf und hatten noch nicht viel aufgebaut und daher nicht viel zu verlieren. Transformationskompetenz entwickelt sich dann, wenn man Neuem ausgesetzt ist und sich damit auseinandersetzen muss. Unsere Handlungsroutinen und -schemata waren noch flexibler und weniger eingespielt, wir mussten sie weniger überwinden und hatten weniger Leben zu verlieren. Je älter Ostdeutsche zur Zeit des Systembruchs waren, umso schwerer fiel es ihnen meist, alte Muster abzulegen und sich neues Verhalten zu erarbeiten. So wenig alltäglich der Systembruch auch war, für uns Kinder fühlte er sich streckenweise ganz normal an. Wir waren eh im Aufbruch in unser Leben und brachen nun eben zusätzlich in ein neues System auf. Wir waren uns sicher nicht des Ausmaßes des Wandels bewusst, spürten aber doch seine Wucht.

Mit dem Zusammenbruch der DDR und dem Beginn der Wiedervereinigung nahmen wir Kinder an einem rasanten gesellschaftlichen Transformationsprozess teil. Aufgrund unseres Alters erlebten wir den Wandel allerdings nicht als Abfolge (selbst-)bewusster Entscheidungen, sondern vielmehr als Erfahrungen im alltäglichen Tun: im Neu- erlernen des Schulsystems, der Straßennamen oder der Berufsbezeichnungen unserer Eltern. Wir verlernten alte Regeln, Normen und Ansichten ein Stück weit, um Platz zu schaffen für eine neue Betriebsanleitung. Wir haben Sprache erlernt, verlernt und ergänzt: Was früher Nicki hieß, ist jetzt ein T-Shirt, die Kaufhalle heißt jetzt Super- markt. Unsere sprachliche Anpassung ging weiter, auch weil bestimmte heimische Dialekte, mit denen wir groß geworden sind, wie Berlinerisch oder Sächsisch, plötzlich stigmatisiert wurden. Diese gelebten Erfahrungen prägen die Zukunftsfähigkeiten *Transformabilität*, *Kommunika- tions- und Übersetzungskompetenz*, *Multiperspektivität* und *Wissenskompetenz*.

Ich probierte zu Anfang alles aus, was ich kriegen konn- te: Haribo, Kaiser's, Avocado, Litschi, eine Levi's-Jeans. Ich erinnere mich an unsere erste Reise mit der Familie im Frühjahr 1990 nach Kitzbühel in Österreich. Solche Frühstücks- und Abendbrot-Buffets wie in diesen zwei Wochen Halbpension in unserem 3-Sterne-Hotel hatte ich noch nie gesehen. Meine Buffet-Erinnerungen sind stark:

Schiffe und Tierformen aus Melonen, Eier in einer Reihe mit Minutenbezeichnungen (ich habe sehr lange nicht verstanden, dass es sich um die Kochzeit handelte), überhaupt Eier in jedweder Form und all diese Früchte und all dieses Fleisch. Erst als ich sah, was es alles geben konnte, begriff ich, was wir bisher nicht hatten. Eines Morgens wollte ich hier noch gebackene Banane und da noch mehr Camembert und Maasdamer und Frühstücksschinken essen und schwupps, musste ich mich noch am Tisch übergeben. Ich hatte mich dem Überangebot an Waren wortwörtlich bis zum Erbrechen hingegeben.

Direkt nach dem Mauerfall durchlebten wir viele große und kleine Veränderungen in schneller Abfolge. Die Bewältigung dieser Umbrüche – das *Coping* – fand sprunghaft und phasenweise statt. Meine Mutter verlor ihren Arbeitsplatz, wir machten viele Ausflüge nach West-Berlin, 1990 fanden die ersten freien Wahlen statt, und als Gesamtdeutschland Fußballweltmeister wurde, wehten Deutschlandfahnen, die für viele durchaus bedrohlich wirkten. Meine unverheirateten Eltern hatten, bis ich in die Schule kam, aufgrund der Wohnungsnot in der DDR in ihren jeweiligen Single-Wohnungen gewohnt. 1990 zogen wir zusammen in eine Dreizimmerwohnung im Kiez, und ich bekam mein erstes Zimmer, bald darauf mein eigenes Fahrrad und meinen ersten Fernseher. Die Heimatstadt meines Opas, Weißenfels an der Saale, verödete zunächst schlagartig und dann schleichend immer weiter. Weitere Familienmitglieder wurden arbeitslos und kämpften, wie meine Mutter auch, über Jahre für eine neue Beschäftigung, mussten in kleinere Wohnungen ziehen – es war ein konstantes, an der Familienseele schleifendes Bewältigungsrauschen. Doch ich erreichte gewissermaßen ein Transformationsplateau, von dem aus ich neue Lernanlässe einfacher bewältigen konnte.

Das Bewältigen nährte mich auch. Ich habe mir Strategien angeeignet, von denen ich mein gesamtes weiteres Leben profitiere. Ich lernte, mich auf die Dinge zu konzentrieren, auf die ich Einfluss habe, und lernte zu erkennen, wer über Macht verfügt. Ich lernte, Probleme zu konfrontieren, wenn sie auftauchen. Ich lernte, Sorgen anderer Menschen anzuerkennen, ohne sie zu meinen eigenen Problemen zu machen. Und durch die spätere Reflexion meiner Coping-Strategien kenne ich meine eigenen Grenzen sehr genau und achte penibel darauf, sie nicht mehr zu übertreten.

Die neuen Möglichkeiten und Regeln des Lebens nach dem Fall der Mauer ersetzten das Bestehende jedoch nicht vollständig. Aspekte und Handlungsweisen beider Systeme blieben in uns jungen Ostdeutschen bestehen. Im Versuch, in der Übergangszeit von der DDR zur BRD meine eigene Handlungsfähigkeit zurückzuerobern, setzte ich Fähigkeiten ein, die ich auf meine DDR-Sozialisation zurückführe, allem voran mein Durchhaltevermögen und meine Disziplin. Ich befolgte Regeln, achtete auf andere in der Gruppe und nicht so sehr auf mich selbst und ich war bestrebt, Dinge zum Abschluss bringen. Ich sang meine gesamte Schulzeit im Chor. Während meiner Pubertät habe ich oft darüber nachgedacht, aufzuhören. Als mir meine Chorleiterin, die ich sehr achtete, sagte, dass ich mich entscheiden müsse, ob ich weiter im Chor singen wollte, fand ich zu meinem Hobby zurück. Heute weiß ich, dass der Chor für mich der vielleicht größte Stabilitätsanker dieser Zeit war. Ich habe Freundschaften fürs Leben geschlossen.

In der Schule lernte ich gern, meine guten Noten habe ich jedoch nicht aus einer inneren, sondern aus einer äußeren Motivation heraus erbracht: Ich wollte raus in die Welt und ein gutes Abitur war nun einmal das nötige Mittel zum Zweck. Ich habe ein tiefes *Leistungsethos* verinnerlicht, denn nur gute Bildung, Leistung und ein möglichst reibungsloses Funktionieren im neuen System versprachen Aufstieg und vor allem materielle Sicherheit. Auch der Glaubenssatz meines Vaters, im neuen Land würde sich Leistung lohnen, trieb mich immer wieder an. Disziplin war eines der Hauptziele des DDR-Bildungssystems.[7] Es diente der Kontrolle von Kindern, damit diese sich in die sozialistische Gesellschaft, ins Kollektiv einfügten. In der Nachwendezeit war es sicherlich ein Treiber, gepaart mit einer kurzzeitigen Öffnung des Bildungssystems, dass so viele von uns trotz all der Umbrüche unseren Schulabschluss schafften und studierten.[8] Eine der maßgeblich beim Bildungsaufstieg erworbenen Zukunftsfähigkeiten ist *Resilienz.*

In meiner Schulzeit war ich umgeben von Mitschüler:innen mit DDR-Eltern, Kindern von Vertragsarbeiter:innen, Kindern von Russlanddeutschen oder geflüchteten Kindern aus dem kriegszerstörten Jugoslawien. Unsere Familiengeschichten und unsere Herkunft trennten uns teilweise. Hinsichtlich unseres ökonomischen Hintergrunds waren wir uns jedoch sehr ähnlich, entsprangen alle mehr oder weniger derselben Klasse. Viele von uns lebten in wohnungsbaugenossenschaftlichen Plattenbauten. Für unsere Eltern waren Neubauten mit Warmwasseranschluss, Dusche und Badewanne ein Fortschritt. Diese Erfahrungen prägten zum einen meine Ästhetik: Ich finde die Platte bis heute faszinierend. Zum anderen entwickelte ich auch *Imagination* und *Future Literacy*, also eine Vorstellung, wie Zukünfte sein könnten, um mir eine sozial gerechtere Gesellschaft vorstellen zu können. Eine Gesellschaft mit starker Daseinsvorsorge, mit Zugang zu öffentlichen Räumen und Institutionen wie Bibliotheken, Planschen (ehemaligen Wasserspielplätzen in DDR-Neubauvierteln), Parks und Jugendclubs. Denn ich habe erlebt, dass wir gut zurechtkamen damit, wer wir waren, und es weniger darauf ankam, was wir hatten. Freizeitbeschäftigungen und Bildung hingen nicht allzu stark an der Stellung unserer Eltern.

Mangel kannten wir alle. Das Fehlen vieler Waren sowie eine mangelnde Vielfalt führten dazu, dass in ostdeutschen Familien viel selbst gebaut, repariert, getauscht, gestaltet und kreativ umgedeutet wurde. Gepaart mit der staatlich erwünschten hohen Technikaffinität seiner Bevölkerung und einem gewissen Leidensdruck wurden Badeanzüge selbst genäht, Gartenstühle selbst gezimmert, eine Kaffeemaschine immer wieder repariert oder mit anderen geteilt. Ich selbst besitze bis heute das zigfach reparierte orangefarbene Rührgerät meiner Mutter. Wie groß der Konsum-Unterschied jedoch war, wurde uns Wendekindern erst in Konfrontation mit dem westlichen Warenangebot bewusst – anfänglich über Westpakete und Westfernsehen und später, als die Kaufhalle zum Supermarkt wurde. Allein die Vielfalt an Südfrüchten war überwältigend und weckte neue Bedürfnisse. Mangel ist mit viel Anstrengung und Leid verbunden und es soll hier kein romantisiertes Bild von Armut entstehen. Es ist höchst problematisch, wenn Grundbedürfnisse nicht gedeckt werden können. Doch die Erfahrung von Mangel erlaubt auch einen anderen Blick auf Wohlstand. Wendekinder schätzen heute neue Produkte zwar, ihre Abwesenheit löst jedoch keine größeren Verlust- oder Verzichtsängste aus. Die Sozialisierung in der DDR und der Nachwendezeit ermöglicht jungen Ostdeutschen einen differenzierten Blick zu Fragen von *Nachhaltigkeit* (»Wie viel brauche ich wirklich?«) und *sozialer Gerechtigkeit* genauso wie *Kreativität* (»Was kann ich daraus machen?«). In einer Welt mit endlichen Ressourcen, in denen der Kapitalismus auf seine Grenzen stößt, ist unser MacGyvern, aus wenig etwas zu machen, von großem Vorteil.

Mein Aufwachsen in Ost-Berlin war tief geprägt von der Rolle der Frauen in meinem Leben. Alle Frauen, die ich kannte, arbeiteten. Viele von ihnen in technischen Berufen. Die Berufstätigkeit der Frau war staatlich gefördert, denn es fehlten Arbeitskräfte. Kinderbetreuung war ab der sechsten Lebenswoche in Kinderkrippen und später in Kindertagesstätten möglich.[9] Trotzdem übernahmen die ostdeutschen Frauen – genauso wie die Frauen im Westen – weiterhin den Großteil der anfallenden Sorgearbeit im Haushalt und in der Kindererziehung. Zusätzlich arbeiteten sie in Vollzeit – eine fast unerträgliche Doppelbelastung.[10] Jedoch brachten ihnen gleicher Lohn, bezahlte Elternzeit, kostenlose Kinderbetreuung und geringere Lebenshaltungskosten auch mehr Freiheitsgrade, Selbstwirksamkeit und ein emanzipatorisches Selbstbild. Die emanzipierte Rolle der Frauen in der DDR förderte auch die 1972 eingeführte Fristenregelung, nach der Schwangerschaften fortan bis zur zwölften Woche legal beendet werden konnten. Die Kosten für die Durchführung des Abbruchs und mögliche Folgebehandlungen übernahm

die Versicherung. Auch Verhütungsmittel waren kosten-
los. Die Scheidungsrate in der DDR war hoch und unter
anderem Ausdruck eines Emanzipationsverständnisses
der Frauen, das lautete: »Wir lassen es dauern, solange
es dauert.«[11] Die Institution der Ehe war nicht besonders
romantisiert. Sie zementierte auch keine Versorgungs-
gemeinschaft wie heute das Ehegattensplitting. Daher
gingen mit der Scheidung in der DDR keine Abstiegs-
ängste bei Frauen einher. Kinder vergangener Beziehungen wurden recht pragmatisch allein oder in neuen Part-
nerschaften aufgezogen. Frauen konnten dysfunktionale
Beziehungen teils sogar einfacher als heute verlassen. Insbesondere jüngere Frauen verließen Ostdeutschland nach
dem Mauerfall, um flexibel und pragmatisch in West-
deutschland zu arbeiten und einen Partner zu finden.[12]
Mit Ausnahme von Berlin und Leipzig herrscht bis heute
in allen Regionen Ostdeutschlands Männerüberschuss.[13]
Auch infolge dessen, dass die Partnerschaftswahl ins
Ungleichgewicht kam, brach die Zahl der Geburten
von 1990 bis 1994 um 56 Prozent ein.[14] Rechnet man in
Paarbeziehungen gebundene Menschen heraus, kommen
auf 100 im Jahr 1992 geborene ledige Frauen 171 allein-
stehende Männer. Mit der Zeit hat sich dieses Ungleichgewicht noch verstärkt, auch aufgrund des Bildungsauf-
stiegs. Im Jahr 2012 kamen unter den Zwanzigjährigen
auf 100 ledige Frauen ohne Abitur 300 ungebundene
Männer ohne Abitur.[15] Meines Erachtens sind das Single-
Dasein der Männer in der Nachwendezeit und seine Folgen in der Analyse der Ursachen für soziale und demokratische Fehlentwicklungen im heutigen Ostdeutschland
noch zu wenig im Blick.

Die Wendekinder erlebten im wiedervereinigten

Deutschland eine Konfrontation mit anderen und konservativeren Geschlechterrollen und -stereotypen sowie eine geschlechtsspezifische Entrechtung, wie beim Schwangerschaftsabbruch. Diese Erfahrung hat zum einen dazu geführt, dass Frauen aus Ostdeutschland einen deutlich ausgeprägten *Sinn für Gerechtigkeit* entwickelt haben.[16] Zum anderen ermöglicht sie einen anderen Blick auf Geschlechterstereotype und Rollenvorstellungen. Für mich sind finanzielle Unabhängigkeit, ein erfüllendes Familien- und Freundschaftsleben sowie ein spannender Beruf zutiefst erstrebenswert, und nicht etwa die Ehe. In wirtschafts-, finanz- und sozialpolitischen Fragen ist sie auch tatsächlich nicht erstrebenswert.[17] An ihrer statt könnten Kinder und ihre Rechte gestärkt werden. Die Errungenschaften vorheriger Generationen zur Gleichberechtigung und Selbstbestimmung für alle weiter voranzutreiben, ist für mich ein großes Anliegen.

In der Nachwendezeit war für meine Generation der Verlust unserer Autoritäten und Vorbilder besonders prägend. Unsere Eltern, ihre Freund:innen, Arbeitskolleg:innen und Nachbar:innen, unsere Lehrer:innen, unsere Pionierleiter:innen – sie alle gingen nach dem ersten Freudentaumel in eine Art Überlebensmodus über. Sie hatten oft schlicht keine Zeit oder emotionalen Kapazitäten und sie konnten uns keine selbstverständlichen elterlichen Ratschläge für Werte, Anforderungen und Regeln der BRD vermitteln. Sie mussten sich selbst zurechtfinden, teils unter existenz- und identitätsbedrohenden Bedingungen. Meine Generation wird auch deshalb als »unberatene Generation« beschrieben, weil das »auf den Weg mitgeben« fehlte und wir uns eigene Wertorientierungen suchen mussten.

Für ostdeutsche Familien waren die Nachwendejahre Zerreißproben: Alle arbeiteten und pendelten viel, waren häufig nicht zu Hause. Die jüngeren Eltern machten sich selbständig, studierten nochmal im Abendstudium und begannen neue Jobs oder zogen für die Arbeit weg. Ich bin als Schlüsselkind aufgewachsen. Das heißt, dass ich von der Kita an in Ganztagsbetreuung war. Meine Grundschule begann morgens um 7 Uhr und abends um 18 Uhr holte mich ein Elternteil aus dem Hort ab. Viele Kinder organisierten sich ihren Tag allein und mit Freund:innen. Ich erinnere mich an kein Kind in meiner unmittelbaren Umgebung, das nicht Schlüsselkind war. Eine meiner Freundinnen ging ab 1990 in die erste Waldorfschule Ostberlins an der Grenze zu Kreuzberg. Ab Ende der ersten Klasse fuhr sie jeden Morgen dreißig Minuten mit der U-Bahn dahin. Ihr Schülerticket war ihre Freiheit. Mein Interviewpartner René Sternberg, der in einem Dorf in Sachsen-Anhalt groß wurde, fuhr bereits mit fünf Jahren mit dem Bus allein ins Nachbardorf zur Kita. Obwohl er in einem Mehrgenerationenhaus groß wurde, beschäftigte er sich nach der Grundschule für einige Stunden allein. Die Erwachsenen arbeiteten im Schichtbetrieb oder waren anderweitig von ihrem Leben beansprucht. Er machte sich allein Essen warm und spielte, bis jemand kam. Wir wuchsen unbeobachtet und mit großen Freiheiten auf. Es existierte ein unausgesprochenes Zutrauen in uns Kinder, dass wir schon zurechtkommen würden. In dieser Zeit habe ich an unzähligen verlassenen Orten gespielt – in alten Industrieruinen oder auch in einer ehemaligen sowjetischen Kaserne mit Spielkasino. Wir lernten, dass wir keine anderen Menschen und nicht viel Geld brauchten, um etwas auszuprobieren, Neues zu schaffen und dabei viel zu lernen. Hauptsache, »mach 'mer los!« und offen sein für Neues. Dann kann es was werden, »ei verbibbsch«.[18] Ich führe auf diese Erfahrungen genutzter Freiheit zurück, dass wir später einen hohen Grad an *Selbständigkeit, Autonomie* und auch *Freude an selbstbestimmtem Handeln* entwickelten.

Schon in jungem Alter waren wir uns der ostdeutschen Stereotype bewusst, über die im neuen Land außerhalb der »Neuen Bundesländer« gelacht wurde und denen wir unter keinen Umständen entsprechen wollten – als sei der Beitritt der DDR zur BRD in seiner Machthierarchie nicht klar genug gewesen. Es begann eine lange Reihe medial initiierter und stetig wiederholter Abwertungen, die Ostdeutsche z. B. als faul, schlecht kochend und etwas dümmlich zu markieren versuchten: »Erst kommt das Stigma, dann die Generalisierung des Stigmas zu einer Charaktereigenschaft und schließlich der weitverbreitete Glaube, die Anderen seien zu Recht ›weiter unten‹.«[19] Ich habe der Satire-Zeitschrift *Titanic* ihre um die Welt gegangene Titelseite, die ostdeutsche Frauen als »Zonen-Gaby« abwertete, bis heute nicht verziehen. Obwohl dieses Bild nur wenig mit unserem Lebensalltag zu tun hatte, machte es uns stutzig und vorsichtig, denn wie oft kann ein Mensch angebliche Wahrheiten über sich hören, bevor er sie selbst zu glauben beginnt?[20]

Inmitten der Unsicherheit, Gewalt, Trauer, Einsamkeit und Verzweiflung, die wir in der Wendezeit erlebten und über die wir uns kaum austauschen konnten, gab es für uns pubertierende Jugendliche nur wenig Raum, uns an unseren Eltern abzuarbeiten oder gar zu rebellieren. Vielmehr fand eine Umkehrung der innerfamiliären Verhältnisse statt: Je mehr wir über die neue Gesellschaftsordnung lernten, je mehr wir die Schwierigkeiten unserer Autoritätspersonen sahen und je mehr wir aus Medien und im Kontakt mit Westdeutschen über ihre angeblichen Defizite lernten, umso mehr übernahmen wir elterliche Pflichten. So berichten einige Wendekinder von einer »Infantilisierung« der eigenen Eltern. Weil so herabwürdigend und einseitig über Ossis berichtet wurde, konnten auch die Eltern als ewig gestrig oder als Systemverlierer angesehen werden. Dieses Phänomen teilen Wendekinder sowohl mit Menschen mit Migrationsbiografie der zweiten und dritten Generation als auch mit Aufsteiger:innen.[21]

Diese Abwertung der eigenen Eltern führte für viele von uns zu einem innerfamiliären Abgrenzen. Die oft überraschte Feststellung von Westdeutschen gegenüber Wendekindern, man sei ja ostdeutsch, das hätte man jetzt gar nicht gedacht, tat ihr Übriges, dass wir begannen, uns von unseresgleichen zu distanzieren und den Identitätsschnipsel »ostdeutsch« ein Stück weit abzulegen. Da unsere Eltern über die Vergangenheit größtenteils schwiegen, hatten wir auch kaum Möglichkeiten, einen Bezug zu unseren familiengeschichtlichen Identitäten aufzubauen. Die kollektiven Lebenserfahrungen unserer Eltern wurden medial ins Lächerliche gezogen, Geschichten wurden abgewertet oder gar als für die Zukunft untauglich beschrieben. Wenn Wendekinder und Nachwendekinder später versuchen wollten, Sprachlosigkeit und das Auseinanderdriften zu überwinden, um mehr über sich zu erfahren und sich besser zu verstehen, mussten sie selbst aktiv das Gespräch suchen. Eine Kompetenz, die sie entwickelten, ist es, *schwierige Gespräche zu führen und zu vermitteln.*

Daraus ergibt sich für meine Gesprächspartnerin Nhi Le auch eine besondere Verantwortung: Gerade weil der öffentliche Diskurs zu Ostdeutschland noch immer aus zu wenig vielfältigen Stimmen gespeist wird, was der Komplexität der ostdeutschen Gesellschaft, z.B. als Einwanderungsland, nicht gerecht wird, ist Vermittlung auf vielen Ebenen notwendig.

Für das Leben im neuen System konnten mir meine Eltern keinen Rat geben. Stattdessen gab mir mein Vater mit: »In diesem neuen Land stehen dir alle Wege offen. Wir wissen nicht, wie es geht, und wir haben keine Verbindungen. Du musst es selbst herausfinden.« Ich habe diesen Auftrag an meine eigene Lebensgestaltung tief verinnerlicht. Bis zu meinem Berufseinstieg habe ich mir sehr vieles selbst beigebracht, alle wesentlichen Lebensentscheidungen selbst getroffen und mit all ihren Konsequenzen getragen. Meine Eltern wissen bis heute nicht viel darüber, was ich gemacht habe, wo ich war oder mit wem ich Zeit verbracht habe. Eine Schulkameradin meinte einmal lapidar, da waren wir vielleicht dreizehn Jahre alt: »Wir mussten halt früher erwachsen werden als andere.«

Wendekinder eint vielfach die Erfahrung, dass sie ihren Heimatort verlassen haben. Fehlende Möglichkeiten für ihre Ausbildung sowie fehlende Chancen für den Berufseinstieg, hohe Unsicherheit oder Trostlosigkeit sind nur einige Gründe dafür. Noch 2019 verließ jede:r zweite Hochschulabsolvent:in das Land Sachsen-Anhalt.[22] Und noch deutlich mehr Schüler:innen verlassen das Bundesland nach dem Abitur. Ich begann mit vierzehn Jahren für die Finanzierung meines großen Auslandsaufenthalts nach dem Abitur in Australien zu arbeiten. Ich habe ihn dann auch selbst organisiert und angemeldet. Mich verunsicherte, dass ich in den Dokumenten einen »Notfallkontakt« angeben sollte, dass ich allein und volljährig nicht ausreichte. Ich habe in Australien in allen möglichen schlecht bezahlten Jobs gearbeitet, um reisen zu können, musste aber früher abreisen, weil das Geld doch nicht reichte. Später, in New York, habe ich Menschen mit unfassbarem Reichtum getroffen, die mich relativ schnell an ihrem Leben haben teilhaben lassen. Heute gibt es breit angelegte sogenannte Rückkehrer:innen-Initiativen, um die kompetenten Kinder von damals zurück in die Heimat zu holen. Zwei Zukunftskompetenzen, die mit dem Weggehen einhergehen, sind *Selbstwirksamkeit*, sich selbstvergewissert in jeder Situation zu helfen zu wissen, sowie *Global Citizenship*, sprich sich einer globalen Wirklichkeit zu stellen.

Ab dem dritten Semester meines Studiums arbeitete ich zwanzig Stunden pro Woche. Jede Semesterferien habe ich Praktika und Sprachkurse absolviert. Meinen BAföG-Antrag habe ich allein ausgefüllt und jedes Mal nach dem Termin mit der Sachbearbeiterin geweint, weil ich Angst hatte, diesmal würde mir das Geld gekappt, weil ich etwas falsch ausgefüllt habe. René Sternberg erzählte mir, dass er um die Jahrtausendwende ebenfalls herausfinden wollte, wie viel BAföG er bekommen würde, wenn er zu studieren beginnen würde. Das BAföG war für ihn als ostdeutsches Arbeiter:innenkind der wichtigste Baustein, um ein Studium finanzieren zu können. Wie man die Höhe des BAföGs errechnen konnte, konnte ihm in verschiedenen Ämtern niemand sagen. Ihm, der Soziologie studieren wollte, wurden stattdessen Ausbildungsberufe empfohlen.

Seinen BAföG-Bescheid würde er frühestens drei Monate nach Beginn des Studiums bekommen. Diese kleine Geschichte zeigt, dass sich René auch unter Unsicherheit auf die Suche nach Wegen gemacht hat, sein Ziel erreichen zu können. Er hat sich nicht abbringen lassen und ist kalkulierte Risiken eingegangen. All das zeigt seine Transformabilität. Ich ergatterte derweil einen ERASMUS-Platz an einer französischen Elite-Hochschule und einen Praktikumsplatz bei Mercedes-Benz in New York. Ich reihte Lebenslaufschritte aneinander, immer mit dem Ziel, mir möglichst viele Optionen offenzuhalten. Meine Haltlosigkeit war ein Grund, warum ich vor allem nach vorn strebte. Prallte ich irgendwo ab, änderte ich meine Richtung. Mein junges Erwachsenenleben enthielt viele Umleitungen. Eine meiner größten Bildungshürden war wie eingangs beschrieben der Übergang vom Bachelor zum Master. Ich wollte unbedingt an einer Universität weiterstudieren. Ich wäre aber fast an der ECTS-Lücke »wissenschaftliches Arbeiten« zwischen Fachhochschule und Universität gescheitert. Doch ich mogelte mich als Gasthörerin in Kurse der Freien Universität und schloss dort die drei vielleicht wichtigsten Scheine meines Lebens ab. Ich war zielstrebig, aber ohne ein aus mir selbst kommendes Ziel. Stattdessen war ich unbändig neugierig. Mein gesamtes Studium lang profitierte ich von der *hohen Lernfreude* und *Begeisterung für Neues* aus meiner Kindheit. Im Bachelor und im Master absolvierte ich insgesamt über fünfzehn Kurse mehr als notwendig. Ich wollte Volkswirtschaft verstehen, internationale Politik, Soziologie und Philosophie.

Bei einer Analyse der Community des Netzwerks 3te Generation Ost ist uns aufgefallen, wie viele Wende- und Nachwendekinder heute in digitalen Berufen arbeiten.

Möglicherweise liegt es daran, dass berufliche Werdegänge in ostdeutschen Familien wenig vorbestimmt waren. Es gab schlicht wenige Arztpraxen, Familienunternehmen oder Anwaltskanzleien, die übernommen werden sollten. Die Digitalisierung eröffnete jungen Ostdeutschen Karriereoptionen, weil die Platzhirsche noch fehlten. Jobs in der Digitalwirtschaft verhießen Unternehmer:innentum, Intrapreneurship und Digitale Souveränität. In diesem neuen Berufsfeld bewährte sich die Erfahrung, Unsicherheit durchgestanden zu haben, denn sie kann ermutigen, erneut Risiken einzugehen.

Über Versuch und Irrtum gelang es mir immer besser, mein Gegenüber und die Gesellschaftsstruktur dahinter zu lesen. Was wurde in welcher Situation von mir erwartet, was ist der Standard, was die Standardabweichung? Mein Ziel damals war es, obenauf zu bleiben, den Kopf über Wasser zu halten, ein Korken zu sein. Heute gibt mir dieses Nebeneinander von Handlungsmöglichkeiten mehr Spielraum, je nach Situation zu handeln. Ich finde in unterschiedlichsten Umgebungen schnell Anschluss und komme mit verschiedenen Menschen klar. Diese Fähigkeit zeigt sich auch bei René. Ob bei einem Produktionsbetrieb für Maschinenteile im ländlichen Thüringen oder bei einem Versicherer in München – er findet schnell Zugang und Übereinstimmung mit Menschen in den unterschiedlichsten Organisationen, was für seinen Beruf zentral ist. Die Erfahrung der Transformationsjahre, sich in immer neuen Situationen schnell zurechtfinden zu müssen, baut also die Kompetenzen auf, *Situationen erkennen* und *vertrauensvoll in Beziehung mit anderen* handeln zu können, *auch in Konflikten*.

Die vielen Umwege meines Lebens halfen mir, so viele Situationen wie möglich zu trainieren, um Unsicherheit zu minimieren und *Muster zu erkennen*. Ich versuchte das einmal im Vorstellungsgespräch zu erklären. Ich sagte, ich erkenne die Webart eines Themenfeldes und übertrage diese Erkenntnis auf andere, ich passe das Muster an oder setze es neu zusammen. Dadurch kann ich bessere, durchlässige, wiedererkennbare Muster weben. Als die Personalerin zum zweiten Mal nachfragte, was denn nun genau meine Stärke meinte, erklärte ich, mich interessiere die Webart unserer Gesellschaft – also sozusagen ihre Plattentektonik. Wo sich metaphorisch soziale Platten verschieben, bin ich Seismografin. Ich erkenne Verschiebungen früh und suche nach Chancen, die sich daraus ergeben. Ich erntete Verwirrung für meine Selbstpräsentation. Später lernte ich, dass Mustererkennung eine nicht-lineare Herangehensweise für Problemlösung ist, ein Ausdruck kreativen Denkens.[23] Ich kenne kein anderes Denken. Die Linse, durch die ich die Welt betrachte, ist immer: Wo bricht gerade etwas ab, wo entsteht Neues? Was kann ich verändern, damit mehr Sicherheit, Freiheit und Gerechtigkeit für alle entstehen? Ich verfüge über eine Intuition für das Kommende, eine *Future Literacy*.

Nach der Wende verspürten viele Ostdeutsche einen starken gesellschaftlichen Druck, sich westdeutschen Normen und Gepflogenheiten anpassen zu müssen. Die Autorin Jana Hensel schreibt, es habe von Anfang an ein »Performance-Wunsch für die Ostdeutschen« existiert: »Hört endlich auf, Ostdeutsche zu sein! Hört auf, eure anderen Erfahrungen, Prägungen und Werte zu verteidigen, sie euch letztlich einzubilden, werdet endlich die gleichen

Deutschen wie wir.« Darin habe auch ein Freiheitsverspre-
chen gelegen, das sich letztlich aber nicht erfüllte. Dieses
Versprechen habe zu einer hohen Anpassungsbereitschaft
der Ostdeutschen geführt: »Auch sie wollten sich so
schnell wie möglich ganz im Sinne eines gesellschaftlichen
Lernprozesses von allem Alten befreien.«[24] Einige junge
Ostdeutsche wollten sogar die besseren Westdeutschen
und härteren Kapitalist:innen werden und einige entsagen
bis heute ihren ostdeutschen Identitätsanteilen. Manche
Nachwendekinder haben als Reaktion auf Abwertungs-
erfahrungen allerdings auch gerade ihr »Ostbewusstsein«
(wieder-)entdeckt.

Die Wendekinder machten sich zusätzlich Details des
westdeutschen »Allgemeinwissens«, noch immer als all-
gemeingültiger Kanon dargestellt, zu eigen: Ich habe mir
das Wissen über das Wirtschaftswunder, die 68er und die
RAF draufgeschafft. Und ich habe viel von den Fantasti-
schen Vier gelernt, ist ihr Song *MfG – Mit freundlichen
Grüßen* doch ein Quell westdeutscher Gemeinplätze. Als
Jugendliche begann ich, meine Sprache zu kontrollieren.
Ich erlernte mir zuvor unbekannte soziokulturelle Chif-
fren des Bürgertums wie Skifahren und Tennis spielen,
später kamen die großen Opern mit ihren Arien hinzu. Ich kenne aus dieser Lehrzeit das Oktoberfest nicht
nur, sondern war auch gleich viermal da und kenne die
wichtigsten Zelte auf der Wiesn (nicht den Wiesn). Genauso kenne ich die Details der Fußball-Bundesliga der
Männer sowie den DFB-Pokal, die wichtigsten Spiele der
vergangenen zwanzig Jahre und wirklich alle Ansichten
zum FC Bayern München. Gleichzeitig kannte außerhalb
meiner Community kaum jemand Dig, Dag und Digedag,
die Helden meiner Kindheit, das Werder Baumblütenfest,

ein Fest meiner Jugend, oder den ersten Deutschen im Weltraum, Siegfried Jähn. Wurde Frankfurt gesagt, wurde immer Frankfurt am Main gemeint und irgendwann gab ich es auf, Menschen auf das andere, mein Frankfurt an der Oder, hinzuweisen. Indem transformationskompetente Menschen neues Wissen eingliedern und gleichzeitig ihr Herkunftswissen aufrechterhalten, erwerben sie *Transformabilität*, *Wissenskompetenz* und *Multiperspektivität*. Jedoch kompensierte ich über, überschlug mich fast darin, mir soziales und kulturelles Kapital zu eigen zu machen. Ich hatte bestimmte Verhaltensweisen so sehr verinnerlicht, dass ich sie mit Coolness performte, doch unterschwellig war ich wütend und resignierte zugleich. Ich wollte ankommen, aber wusste nicht wo. Wenn mich jemand während meiner Studienzeit und frühen Berufstätigkeit fragte, was mich interessierte, was ich gern in meiner Freizeit machte oder was mir wichtig war, konnte ich es nicht recht beantworten. Ich erinnere mich an ein Date im Jahr 2008, auf dem ich dermaßen blockiert war von meinem innerlichen Widerspruch, etwas preisgeben zu wollen, jedoch nicht zu wissen, ob ich wirklich von mir sprach oder eine Rolle spielte, dass ich schlussendlich fast gar nichts sagte und mich nur noch entschuldigte. Metaphorisch gesagt, überzog ich mich mit Teflon, und das hatte natürlich seinen Preis. Um meine Transformationskompetenz wirklich heben zu können, musste ich einige dieser Anpassungen mühsam wieder ablegen und lernen, meine verschiedenen Rollen – Frau, Ostdeutsche, Chefin, Freundin, Mutter, Partnerin, Sprecherin – authentisch in Einklang zu bringen.

Es ist sehr energieintensiv, je nach Situation in kürzester Abfolge wechseln zu müssen, welche Rolle ich einnehme, also Code-Switching zu betreiben. Code-Switching ist eine Überlebensstrategie, die sich an den Regeln und der Normalkennung der Dominanzkultur ausrichtet. Hierbei nimmt man den je nach Situation erwünschten Habitus ein und folgt damit den Bedürfnissen der Mehrheitskultur. Es ist klar, welches Verhalten erwünscht und welches weniger erwünscht ist. Vorauszuahnen, was wünschenswert oder passgenau ist, laugt aus. Aber auch private oder halbprivate Räume können anstrengen, wenn man zum Beispiel bestimmte Herkunftscodes auf Familienfeiern nicht mehr bedienen kann oder möchte. Wer Anpassung als Bewältigungsstrategie wählt, erkennt die neue Art, Dinge zu tun, nicht unbedingt als die bessere an, sondern Anpassung ist einfach kurzfristig hilfreich. Es bleiben innere Widerstände. Auch wenn wir Wendekinder unsere Verhaltensweisen, unsere Codes und unseren Habitus teils unbewusst angepasst haben, auch wenn wir uns von Liebgewonnenem verabschiedet haben, während wir Neues liebgewonnen haben, kann diese Überschreibung tiefe Spuren hinterlassen und Energie rauben.

Es war harte Arbeit zu werden, wer wir sind, harte Arbeit, dabei zu scheitern, weiterzumachen, aufzusteigen oder nicht, zu kämpfen oder nicht, sich fehl am Platz zu fühlen oder immer und immer wieder die:der Einzige zu sein. Und doch, all die harte Arbeit mündete letztlich in Transformationskompetenz. Und die nutzen wir jetzt selbstbewusst.

Kapitel 3:

Aufsteiger:innen:
Die Panzerknacker der Klassendecke

Deutsche Schwerfälligkeit

Im vorherigen Kapitel ist bereits deutlich geworden, dass Deutschland eine zutiefst ungleiche Klassengesellschaft ist. Trotzdem wird über soziale Ungerechtigkeit, Armut, Bildungs- und Chancenungerechtigkeit oder auch über Umverteilung in den Medien, der Politik und im privaten Umfeld viel zu wenig gesprochen. Vielleicht ist es aber auch vielmehr »deswegen« anstatt »trotzdem«: Klasse ist ein so großes wie verschwiegenes Thema sozialer Vorbestimmung, dass sie überwiegend unsichtbar gemacht wird. Eigentum und Vermögen sind in Deutschland thematisch fast unantastbar. Die deutsche Mehrheitsgesellschaft ist längst eine Erb:innengesellschaft, und trotzdem herrscht die Idee vor, dass es auf Leistung ankäme. Erst seit kurzem, dank der biografischen, literarischen und wissenschaftlichen Arbeit Angehöriger der Arbeiter:innen- und Armutsklasse, rücken soziale Herkunft als Ausschlusskriterium sowie der Mythos der Leistungsgesellschaft in den Fokus gesellschaftlicher Debatten.[1]

Als Klassengesellschaft schauen wir nicht gleichermaßen präzise nach oben wie nach unten. Zum einen ist die Studienlage zur Oberklasse dünn. Denn Vermögen wird als Privatsache angesehen und reiche Menschen können entscheiden, nicht über ihren Reichtum und ihre Privilegien zu sprechen. Arme Menschen können das weniger – sie müssen ihre Finanzen häufig offenlegen oder sich erklären. Zum anderen sehen wir medial einen gewissen Fetisch, strukturellen Klassismus rein auf individueller Ebene und in der Armutsklasse zu betrachten. Während zuhauf Dokumentationen, Reportagen und Reality Shows existieren, teils fragwürdig produziert, die Obdachlose begleiten, Kinderarmut zeigen oder aus sogenannten Problemvierteln berichten, sehen wir im öffentlichen Diskurs kaum Menschen aus der Oberschicht zu ihren Privilegien sprechen oder zur Lösung der enormen Ungleichheit beitragen – von einigen, wirklich sehens- und lesenswerten Ausnahmen abgesehen.[2] Wenn sich Arbeiter:innenkinder selbst empowern und Biografien schreiben, werden von ihnen vielfach »Authentizität« und möglichst detailreiche schmerzliche Leidensbeschreibungen gefordert.[3]

Dabei eskaliert die soziale Schieflage in unserer Gesellschaft jedes Jahr mehr. Oxfam hat errechnet, dass seit 2020 zwei Drittel aller Vermögenszuwächse an das reichste Prozent der Weltbevölkerung gingen, während die anderen 99 Prozent sich den Rest teilen mussten.[4] Während der Pandemie, des Beginns des russischen Angriffskrieges auf die Ukraine und der anschwellenden Inflation sind extreme Armut und extremer Reichtum gleichermaßen gestiegen. Die reichsten zehn Prozent der deutschen Haushalte besitzen nun sechzig Prozent des Gesamtvermögens, während neun Prozent aller Erwerbstätigen unterhalb der Armutsgrenze leben. In Deutschland werden jährlich 400 Milliarden Euro vererbt, was die Ungleichverteilung von Vermögen auseinanderklaffen lässt. Eigentum und Vermögen, aber auch Zeit für Erwerbsarbeit oder Ehrenamt,[5] liegen in den Händen weniger.

Einkommensschwache Menschen werden beschämt, ihre Armut tabuisiert. Menschen, die in die Arbeiter:innenklasse geboren sind, erleben Abwertung, Ausgrenzung, Unterdrückung und Diskriminierung entlang ihrer Klassenherkunft und -zugehörigkeit.[6] Ganze Gegenden sind über die Wiederholung von Stereotypen stigmatisiert worden, z. B. Berlin-Neukölln, Halle-Neustadt, Köln-Porz. Klassistische Marginalisierung trifft zum Beispiel arme Familien, erwerbslose oder wohnungslose Menschen sowie Arbeiter:innenkinder.[7] Ihre Stigmatisierung ist so umfassend, dass bereits Kindergartenkinder die ihnen zugeschriebene Position in der Gesellschaft, »unten«, als gegeben verinnerlichen.[8] Anders als es uns das Stereotyp des »kleinen Mannes«, des weißen Arbeiters, glauben machen möchte, ist die heutige Arbeiter:innenklasse sehr heterogen, Migrant:innen und People of Colour bilden einen großen Teil der Arbeiter:innenklasse. Zudem ist heute ein Klassenaufstieg für Arbeiter:innenkinder, Migrant:innen und People of Colour schwer bis unwahrscheinlich.[9]

Ich bin davon überzeugt, dass eine der größten transformatorischen Kräfte unserer Gesellschaft von der sozialen Herkunft ausgeht, denn Aufsteiger:innen tragen die Ressource Transformationskompetenz in sich, sind motiviert und loyal.[10] Um diese nutzen zu können, müssen wir jedoch soziale Herkunft als Diversitätskategorie anerkennen und die daraus resultierenden strukturellen Barrieren überwinden.

Von denen, die auszogen, und ihrem Dazwischensein

Arbeiter:innenkinder übertreten bei einem Aufstieg die Grenzen ihrer Herkunftsklasse und müssen lernen, zwei verschiedene Klassensysteme zu navigieren. Sich die Eigenheiten des Aufstiegsmilieus in den prägenden Lebensjahren anzueignen und sie mit denen des Herkunftsmilieus auszutarieren, schafft kontinuierliche, oft schmerzhafte Lernanlässe für Transformationskompetenz. Beim Überschreiten der Klassengrenzen werden die Aufsteiger:innen in besonderem Maße mit Diskriminierungen und negativen Zuschreibungen aufgrund ihrer Herkunftsklasse konfrontiert. Gleichzeitig erleben sie die Privilegien ihrer Aufstiegsklasse. So sammeln sie Transformationserfahrungen, aus denen sie später Transformationskompetenz bilden können, wenn sie ihren Klassenaufstieg reflektieren.

Im sozialen Zusammenleben in einer Klassengesellschaft analysieren Menschen kontinuierlich die Klassenzugehörigkeiten ihres Umfelds, indem sie z.B. auf Sprechweisen, Kleidung und Umgangsformen achten, sprich auf den Habitus ihrer Mitmenschen. Übertritt eine Person jedoch ständig Klassengrenzen, beginnt sie noch einmal genauer hinzuschauen. Als Teil ihrer Neu-Sozialisierung analysieren Aufsteiger:innen ihr Gegenüber meist in kürzester Zeit und lernen, den Habitus ihres Zielmilieus über Imitation zu spiegeln, wenngleich dabei oft Bruchstellen bleiben. Weil Sprache immer auch Habitus zeigt, nehmen Aufsteiger:innen in ihrer Klassenreise auch Formulierungen, Duktus, Tempo und Tonlage aus bürgerlichen Milieus an. Was ist ein Steak »à point«, was ein Point of Sale und warum hat der gerade gefragt, ob ich d'accord bin? Diese gelebten Erfahrungen prägen die Zukunftsfähigkeiten *Transformabilität, Kommunikations- und Übersetzungskompetenz, Multiperspektivität* und *Wissenskompetenz.* Eine meiner Interviewpartner:innen ist Kristina Lunz, Arbeiter:innenkind aus einem kleinen bayerischen Dorf und heute erfolgreiche politische Sozialunternehmerin. Sie berichtet, dass sie im zweiten Jahr ihres Bachelorstudiums von der Möglichkeit eines Stipendiums erfahren hat. Sie schaffte es in die letzte Auswahlrunde des Stipendiums, die ein Wochenende lang auf einem Schloss stattfand. Dabei erlebte sie die klaren Grenzen zwischen den Klassensystemen: »Es war so klassistisch, alle trugen Anzüge und studierten bereits an Elitehochschulen. Damals verstand ich: Mein Zwischen-Dasein gelingt nur durch Abrufen hoher Leistung bei gleichzeitiger totaler Überforderung. Ich habe das erste Stipendium nicht bekommen. Im Feedback-Gespräch wurde mir gesagt, ich spräche zu umgangssprachlich.«

Aufsteiger:innen versuchen für sich ein mentales Gleichgewicht zwischen den Klassensystemen herzustellen. Doch die Konflikte des Aushandelns zwischen den Systemen bleiben bestehen, es bleibt bei einem Dazwischensein. Meine Interviewpartnerin Nhi beschreibt diesen Zustand folgendermaßen: »Ich werde nie vergessen, wo ich herkomme. Ich werde von der Welt erinnert, was meine Bedingungen sind. Ich komme in Situationen, wo ich nicht sein will, die aber von meiner Herkunft und Identität geprägt sind.« Während eine andere Gesprächspartnerin eher ihre jetzige Position reflektiert: »Ich bin jetzt auch Teil einer Gesellschaft, die so elitär ist, da schlackern die Leute zu Hause mit den Ohren. Einige meiner Freund:innen sind Millionäre, für sie selbstverständlich. Das wirft mich in Konflikte.« So herausfordernd und problembehaftet diese innere Streckung des Sowohl-als-auchs, das permanente Antizipieren des erwarteten Verhaltens und die kontinuierliche Selbstkontrolle, bis zu welchem Grad man sich noch anpassen möchte, auch sind, dies ist das Transformationstraining der Aufsteiger:innen. So erwerben Aufsteiger:innen beispielsweise die Zukunftsfähigkeiten *Resilienz* und *Transformabilität* durch die Erfahrung, Widrigkeiten zu überwinden, indem sie sich erfolgreich an bürgerlichen Codes abarbeiten. Aufsteiger:innen haben durch das Überschreiten von Klassengrenzen erlebt, die verschiedensten Herausforderungen meistern zu können. Psychologische und finanzielle Sicherheit vorausgesetzt, das formulieren alle Gesprächsteilnehmer:innen, können sie heute auf neue Situationen klar, mit Haltung und energetisch reagieren, weil sie derart viele Vorläufersituationen erfolgreich bewältigt haben. Sie haben darüber *Selbstwirksamkeit* sowie *Vertrauen in sich und andere* entwickelt.

Aufsteiger:innen machen in mindestens zweierlei Hinsicht Erfahrungen mit Neuem. Zwar studieren viele von ihnen noch an wohnortnahen Fachhochschulen, je weiter sie jedoch aufsteigen, desto weiter entfernen sie sich meist auch von ihren Heimatorten. Häufig brechen Aufsteiger:innen vom Land in die Stadt auf, vor allem auch aufsteigende Wendekinder, da die Flächenstruktur Ostdeutschlands deutlich ländlicher ist als die Westdeutschlands. Zusätzlich entfernen sich Aufsteiger:innen auch von ihrer sozialen Herkunft. Sie begegnen dabei den Lebensrealitäten und Normen des bürgerlichen Milieus, was viele Störsituationen und damit Lernanlässe für Transformationskompetenz mit sich bringt. Wie schwierig das Leben zwischen zwei Klassensystemen sein kann, beschreibt auch der Philosoph und Soziologe Didier Eribon. Er erzählt in seiner autobiografischen Gesellschaftsanalyse *Rückkehr nach Reims*, dass er sich unter bürgerlichen Mitschüler:innen seines Gymnasiums wie ein »Eindringling« gefühlt habe. Doch die Rollenspiele seines Herkunftsmilieus, »die dazu dienten, Männlichkeit unter Beweis zu stellen«, ließen ihn sich auch von diesem Milieu immer weiter abgrenzen. Die Spannung zwischen seinen beiden sozialen Identitäten verunsicherte ihn zutiefst.[11] Diese Spannung hat meine Interviewpartnerin Kristina Kämpfer ebenfalls erlebt. Sie ist eine ostdeutsche Aufsteigerin, geboren in der Nachwendezeit. Schon früh war sie von höherer Bildung fasziniert – sie träumte von Internaten und Elite-Universitäten. Erst im Ausland realisierte sie, wie vereinzelt sie in dieser Umgebung war: Während ihrer Promotion an der Universität Oxford, wo Deutsche die drittgrößte internationale Gruppe ausmachten, war sie eine von vielleicht drei Ostdeutschen, Arbeiter:innenkind noch dazu. Und wie Didier Eribon hat auch sie die Erfahrung gemacht, dass ihr Aufstieg zu Spannungen mit ihrem Herkunftsmilieu führte. Sie erzählte von einem Erlebnis mit ihrer Mutter. Weil sie ein Wort benutzt hatte, das ihre Mutter nicht kannte, reagierte diese aufgebracht und ungläubig: »Sie sagte: ›Das Wort gibt's doch gar nicht‹. Ich antwortete prompt, dass es das Wort wohl gebe. Dann war Stille.«

Ein Klassenaufstieg bedeutet also neben den Möglichkeiten, die er eröffnen kann, immer auch ethische Kosten für die Aufsteiger:innen.[12] Um diese wird es später noch einmal vertieft gehen.

Was sich aus den geschilderten durchlebten Spannungen für Aufsteiger:innen jedoch ergibt, sind die Zukunftsfähigkeiten *Multiperspektivität* und *Bereitschaft zur Konfliktlösung*. Erstere erlangen Aufsteiger:innen, weil sie gesellschaftliche Unterschiede biografisch durchlebt haben und sie daher erkennen können. Das führt außerdem zu einer erhöhten Bereitschaft zur Konfliktlösung, da sie aufgrund dieser Erfahrung unterschiedliche Positionen und Überzeugungen leichter akzeptieren und in ihre Wahrnehmung integrieren können, auch wenn sie sie nicht teilen. Diese Kompetenz, Konflikte erkennen und moderieren zu können, wird immer wichtiger mit Blick auf den schwindenden gesellschaftlichen Zusammenhalt und die Frage, wie er für Zukunftsgestaltung erneut gestärkt werden kann. Zusätzlich haben Aufsteiger:innen ein besonderes Potenzial für *systemisches Denken*, weil sie durch ihre doppelte Sozialisation die soziale Schieflage zwischen den Klassen nicht nur kennen, sondern sie selbst erlebt haben. Das bedeutet, dass Aufsteiger:innen für Ansätze für einen Systemwandel – wie beispielsweise Umverteilung – konkrete Ideen entwickeln können.

Neben der Erfahrung des Dazwischenseins teilen Aufsteiger:innen auch Erfahrungen von Mangel in ihrer Kindheit und Jugend.[13] Diese reichen von Mangel an Geld, Platz, Ruhe und Sicherheit über Mangel an Anerkennung und Selbstbestimmung hin zu Mangel an Auswahlmöglichkeiten. Die Mangel- und Armutserfahrungen aus der Kindheit haben später Auswirkungen auf alle Lebensbereiche, auf die Liebe[14] etwa, die Ehe[15] oder auch darauf, wie Freizeit genutzt wird.[16] Armut kann auch psychische Leiden auslösen, was allerdings noch wenig beschrieben und in der Breite nicht als strukturell bedingt anerkannt wird.[17] Wie prägend Mangelerfahrungen sind, berichtet Nhi Le. Sie ist Kind vietnamesischer Vertragsarbeiter:innen in der DDR, geboren und aufgewachsen in einer thüringischen Kleinstadt und Nachwendekind. Sie arbeitet heute als Journalistin und Moderatorin. Sie vereinigt alle drei Gruppenzugehörigkeiten in sich, sieht aber vor allem ihre doppelte Sozialisation entlang von Klassenzugehörigkeiten als maßgeblich an. Nhi sagt über die Auswirkungen der Mangelerfahrungen ihrer Kindheit, dass Dinge, die für eine Person selbstverständlich sind, für eine andere mit großen Schwierigkeiten verbunden sein können: »Migrantisches Arbeiterkind zu sein ist eine extreme, existenzielle Prägung. Es ist wie eingeritzt. Du stellst dir Fragen wie: Wie kann ich Geld machen? Wie hart muss ich arbeiten, damit ich am Ende des Monats Miete und Essen zahlen kann, um vielleicht loslassen und entspannen zu können? Selbst wenn ich jetzt finanziell besser dastehe als je meine Eltern, baue ich ja keinen Wohlstand über Generationen auf.« Diese Mangelerfahrungen schärfen den Blick der Betroffenen für *systemisches Denken* sowie ihr *Gerechtigkeitsstreben*.

Eine weitere Erfahrung, die Aufsteiger:innen teilen, ist, dass ihre Eltern sie in Vielem nicht unterstützen konnten – sei es, weil ihnen selbst das nötige Wissen fehlte, weil es ihnen an Zeit und Kapazitäten mangelte, oder sei es aus ganz anderen Gründen. Dies kann zu einer als selbstverständlich verinnerlichten *Verantwortungsübernahme* für sich selbst, für andere Menschen und Dinge führen. Sehr früh allein Entscheidungen treffen und die Konsequenzen direkt spüren und allein tragen zu müssen, prägt *Eigenständigkeit* sowie die *Bereitschaft, sich der eigenen Verantwortung zu stellen.*

Das dreigliedrige deutsche Bildungssystem ist, gemeinsam mit fehlendem Geld, die größte strukturelle Barriere für Arbeiter:innenkinder. Die Erfahrungen mit dem Bildungssystem sind häufig auch von klassistischen und rassistischen Diskriminierungen durch Lehrkräfte geprägt. Aber die Konfrontation mit Bürokratie, fehlende Netzwerke, fehlende materielle Ausstattung, Unwissen zu Stipendien, Empfehlungen und Zeugnissen erweisen sich ebenso als Störsituationen.[18] Beim Start ins Studium, dem Gang ins Ausland oder dem Gründen einer eigenen Institution – alle Gesprächspartner:innen weisen hohe *Selbständigkeit* und *Verantwortungsübernahme* für ihr Handeln auf. Diese Eigenschaften teilen sie mit jungen Ostdeutschen und Menschen mit Migrationsgeschichte der zweiten und dritten Generation. »Alles, was ich heute bin, habe ich mir selbst beigebracht und aufgebaut«, sagt Nhi Le. Arbeiter:innenkind zu sein bedeutet für sie: »Etwas tun, ohne zu wissen, wie es geht. Immer machen, mal mehr, mal weniger vorsichtig. Selbst erleben und entdecken.« Zu Beginn ihres Studiums hörte Nhi von der Möglichkeit eines Stipendiums. Doch weil sie fünfzig Euro mehr BAföG bekommen würde, entschied sie sich für diese Möglichkeit – ohne zu wissen, dass das BAföG zurückgezahlt werden musste, das Stipendium hingegen nicht. Weil sie so oft neuen Situationen ausgesetzt waren, für die ihnen sprichwörtlich keine Betriebsanleitung mitgegeben wurde, ist die Fähigkeit von Aufsteiger:innen zu *kreativen Lösungen* ausgeprägt. Meine Gesprächspartner:innen denken in Möglichkeiten, Systeme zu ändern, in Fürsprache für andere, in Kampagnen und Zusammenschlüssen.

Für mehrere meiner Interviewpartner:innen sind die Transformationserfahrungen aus ihrem Klassenübertritt Grundlage für ihre heutige *Wertekompetenz*. Sie basieren ihre Entscheidungen auf gelebten Werten und stellen sich kontinuierlich die Frage, wie sie ihre Werte in der Umsetzung ihrer Entscheidungen leben können. Nhi Le versucht, ihre Werte Gerechtigkeit, Aufrichtigkeit und Respekt in der Wahl ihrer publizistischen Themen sowie ihrer Interviewpartner:innen einfließen zu lassen. Kristina Lunz erzählt, dass sie ein sehr hohes Gerechtigkeitsstreben hat und sich ständig hinterfragt, ob sie sich korrumpieren lässt: »Ich habe Sorge, meinen Idealen nicht mehr entsprechen zu können. Bei anderen um mich herum sehe ich, sie haben sich schon gewöhnt an die Dynamiken, an die Machtgefälle. Ich kann mich nicht, ich darf mich nicht anpassen, dann würde ich das System stützen. Das geht für mich nicht, ich verspüre noch so viel Wut und Ärger. Beides, zusammen mit meinen Werten, brauche ich, damit weiterhin Veränderung möglich ist.«

Die Werte meiner Gesprächspartner:innen sind auch prägend für ihre Zukunftsplanung, wobei sie *Visionskraft* und *Future Literacy* zeigen. Zwei meiner Interviewpartnerinnen formulieren als Vision für die Zukunft nichts weniger als die Abschaffung des Patriarchats sowie die Neugründung einer sozialliberalen Partei in Deutschland und arbeiten bereits daran. Eine andere Interviewpartnerin, eine Gründerin, sieht ihre Lebensaufgabe im pragmatischen Machen, in jeder einzelnen Person, der sie helfen kann. Alle meine Gesprächspartner:innen empfinden jedoch vor allem Demut, sich überhaupt mit Visionen, Innovationen und Kreationen für die Zukunft auseinandersetzen zu können. So berichtete ein Gesprächspartner von den drei Jobs seiner Mutter, und wie er sie nie hat entspannen sehen. Dies ist seine Motivation, sich dafür einzusetzen, sozialunternehmerische Strukturen zu ändern, denn er kennt die Strapazen und den Stress des Arbeiter:innenalltags.

Weil Aufsteiger:innen Menschen aus vielen unterschiedlichen Lebenswegen kennen, können sie sich oft gut in sie hineinversetzen: »Ich spreche tagsüber mit Vorständen, mittags mit der Kantinenfrau und abends auf dem Platz mit den derben Volleyballern«, erzählt René. Und meine parteipolitisch aktive Gesprächspartnerin beschreibt es so: »Wohlhabende Leute haben oft keine Vorstellungskraft über andere Lebensrealitäten. Schon oft habe ich in unserer Gremienarbeit reingeworfen: Und wie soll das eine Alleinerziehende mit 1600 Euro netto machen? Ich weiß das, weil das das letzte Gehalt war, was meine Mutter je verdiente. Ich muss nicht alles selbst erlebt haben. Jedoch kann ich nur empathisch sein, wenn ich mich darauf einlasse.« Diese Erfahrung hat Aufsteiger:innen also ein *milieuübergreifendes Vorstellungsvermögen, Multiperspektivität* sowie *Empathie* als Kompetenzen vermittelt.

Alle meine Gesprächspartner:innen begannen ihre biografischen Erzählungen damit, dass sie ohne Hilfe von außen – Lehrer:innen, Pfarrer:innen, Trainer:innen, Freund:innen und später Mentor:innen – den Aufstieg nicht geschafft hätten. Die unterstützende Person schenkte Zutrauen und Motivation, sie zeigte den Pfad der Machbarkeit auf und leistete auch Überzeugungsarbeit bei den Eltern, indem sie Einwände antizipierte und im Vorhinein für das Arbeiter:innenkind löste. Nhi Le beschreibt zum Beispiel, dass sie ihre eigenen Stärken vielfach erst über andere realisiert habe: Dass sie gut darin ist, Probleme und Geschichten zu finden, dass sie auch bei Stress ihre Begeisterungsfähigkeit für Menschen und Themen aufrechterhält, dass sie hartnäckig und ehrgeizig ist. Diese Stärken sind wichtig für ihr Feld, den Journalismus. Trotzdem hat es einige kleine Schubser gebraucht, damit sie sich dort einfinden konnte. Die Unterstützung war nötig, damit sie sich traute, um Hilfe zu bitten. Sie lernte durch die Unterstützung, dass sie nicht alles allein schaffen muss und wie wertvoll es sein kann, sich helfen zu lassen.

Auch Katja Urbatsch hat die große Relevanz von Unterstützung beim Klassenaufstieg in ihrem eigenen Leben gespürt und aus dieser Erfahrung heraus die Initiative ArbeiterKind.de gegründet, die Schüler:innen aus nicht-akademischen Haushalten über ein Studium informieren und sie fördern will. Denn Arbeiter:innenkinder haben eben einen eingeschränkten Zugang zu Mentoring und Coaching, um sich weiterentwickeln zu können. Katja beschreibt ihren eigenen Aufstieg als ein Zwischen-den-Welten-Gefühl: »Egal, wo du hingehst, an die Uni, nach Hause, ins Ausland, du fühlst dich nicht zugehörig. Du hast dich distanziert.« ArbeiterKind.de soll daher anderen Aufsteiger:innen ein Zuhause geben, es soll eine Art dritter Ort sein, der alles vereint: Bodenständigkeit, Pragmatismus und Akademisches. Früh erzählte sie für ArbeiterKind.de immer wieder ihre persönliche Geschichte, obwohl es ihr unangenehm war. Doch die Fähigkeit, die eigene *Komfortzone zu verlassen*, ist wichtig, wenn man neue Institutionen aufbauen möchte, um Systemwandel mitzugestalten.

Ein Klassenaufstieg ist neben verschiedensten Chancen immer auch mit Kosten für die Aufsteiger:innen verbunden. Alle Interviewpartner:innen, die aufgestiegen sind, insbesondere jene, die zusätzlich einen migrantischen Hintergrund haben oder ostdeutsch sind, berichten etwa von einem kontinuierlichen hohen Energieaufwand, den ihr Handeln erfordere, der bis zur Erschöpfung führen kann. Folgende Erzählung verdeutlicht dies: »Ich performe oft eine bestimmte Persönlichkeit, die von mir erwartet wird. Bei einem Bewerbungsgespräch mit einem Bundeswehrangehörigen a.D. rief ich meine Mehrheitsgesellschaftsidentitäten ab: Er fragte: ›Wie ist das so für Sie in der FDP?‹ Ich antwortete: ›Eine Schicksalsgemeinschaft, wissen Sie, wie in der Bundeswehr.‹ Es funktionierte, alle lachten, ich hatte eine anschlussfähige Gesprächsbasis für mein Gegenüber geschaffen. Aber mit mir hatte das nicht viel zu tun.« Sich etablieren und ernst genommen werden zu wollen, erfordert von Aufsteiger:innen *Antizipation der Situation*, *Aufmerksamkeit*, *Selbstkontrolle*, aber auch eine gewisse *Härte gegen sich selbst*.

Welche Härte die Bewältigungsstrategien von Aufsteiger:innen fordern können, zeigt die Geschichte einer anderen Interviewpartnerin. Nur Wochen nach dem Tod eines geliebten Menschen schrieb sie ihre Abschlussprüfungen an der Universität, obwohl ihr alle davon abrieten. Sie tat es, weil sie sonst für ihren nächsten akademischen

Schritt kein Stipendium mehr bekommen hätte. Sie konnte dieses Durchhaltevermögen aber auch nur aufbringen, weil sie einen Akut-Therapieplatz erhielt. Heute hat sie, basierend auf dieser Erfahrung, Strategien für Selbstfürsorge und Achtsamkeit aufbauen können. Das *Sein im Moment*, *Achtsamkeit* und *Körperbewusstsein* sind für Aufsteiger:innen zumeist erlernte Fähigkeiten aus der Reflexion ihres Klassenaufstiegs. Sie haben erfahren, wie schädlich manche ihrer Bewältigungsstrategien sein können und dass sie zwischen ihnen und ihrem Erfolg und ihrer Zufriedenheit stehen. Die Möglichkeit, achtsam mit sich selbst und anderen leben zu können, ist jedoch immer auch eine Frage der Strukturen, wie die Geschichte meiner Gesprächspartnerin zeigt.

Für Aufsteiger:innen ist die Frage nach Authentizität sehr schwierig. Haben sie zunächst, um den Klassenaufstieg zu schaffen, Charakteristika ihrer Herkunft abgeschwächt oder ganz abgelegt, so werden sie im Verlauf ihres Aufstiegs oft mutiger darin, sich zu zeigen und für ihre Haltung einzustehen. Ein Antrieb dabei ist natürlich auch Gerechtigkeitsstreben und Wut. Doch die eigenen Haltungen zu vertreten, kann auch mit starker Ablehnung des Aufstiegsmilieus einhergehen: »Ich ecke immer wieder an, wenn ich Missstände benenne, und habe danach Gefühle des Zurückgesetztwerdens. Gefühle der Geringschätzung wie früher, beim frühen Klassenaufstieg. Im Dorf gab es das Gefühl nicht, alle waren Arbeiter:innen.« Gleichzeitig bedeutet das Sich-Zeigen für die Aufsteiger:innen auch, dass sie die Panzerungen und Schutzmechanismen, die sie aufgebaut haben, nach und nach wieder abstreifen müssen. Doch je nachdem, in welchem

Raum wir uns gerade befinden, können wir unterschiedlich viel Authentizität zeigen und dieses Aushandeln ist sehr energieraubend: »Die meisten anderen um mich herum sind stromlinienförmig. Die zeigen, wer sie sind, und gut ist. Manchmal fehlt mir diese Leichtigkeit, auch entspannen zu können.«

Für viele Arbeiter:innenkinder ist der Aufstieg auch mit starken Zweifeln an den eigenen Fähigkeiten und Errungenschaften verbunden. Sie sind häufig vom Hochstaplersyndrom betroffen, bei dem sie der Meinung sind, ihre Erfolge nicht verdient zu haben, wie diese Selbstaussage zeigt: »Je höher ich steige, desto mehr Menschen zeigen und sagen mir, dass sie meine Arbeit schätzen. Es hat wohl Bedeutung, was ich mache. Doch es fällt mir schwer, das immer so zu sehen.« Erreichen sie ihre selbstgesteckten Ziele, feiern Aufsteiger:innen den Erfolg häufig auch gar nicht. Oder wenn doch, dann feiern sie nicht mit ihrer Herkunftsfamilie. Zum einen haben sie Angst, dass angesprochene Erfolge nicht anerkannt werden, weil eine abgeschlossene Promotion zum Beispiel nicht direkt zu höherem Einkommen führt. Zum anderen wird die Familie vorausahnend in Schutz genommen, um keine weitere Abgrenzung oder emotionale Entfernung zuzulassen. »Große Lebensentscheidungen bespreche ich nicht mit meinen Eltern«, sagt Kristina Kämpfer, »ich erzähle ihnen erst dann davon, wenn ich mich schon längst entschieden habe. Und dann auch nicht alles, weil sie denken würden, das ist zu viel. Dass ich eine Zulassung an der Universität Oxford bekam, sagte ich ihnen drei Monate später, als klar war, ich würde auch ein Stipendium erhalten. Ich habe Angst vor einer weiteren Entfremdung, weil sie schon da ist. Ich möchte die Entfremdung klein halten, weil meine Familie mir wichtig ist.«

Es ist weithin akzeptiert, dass diejenigen, die ihre Lebensumstände übersteigen wollen, Opfer bringen und Konflikte austragen müssen. Die Philosophieprofessorin Jennifer M. Morton weist jedoch darauf hin, dass der Mehrheitsgesellschaft nicht genügend bewusst ist, dass die erbrachten Opfer von Aufsteiger:innen ethischer Natur sind. Worum es im Kern bei den Kosten des Aufstiegs gehe, sei nicht ausschließlich Geld, Zeit oder harte Arbeit, sondern vielmehr der Verlust von Beziehungen zu Familie und Freund:innen sowie der identitären Verwurzelung als auch die sinkende Verbundenheit zur eigenen Gemeinschaft. Es sind die ethischen Kosten, die Aufsteiger:innen zu schaffen machen, weil die sogenannten ethischen Güter nicht ersetzt werden können. Uns ist *diese* Familie wichtig, *diese* Freundin, *dieser* Kiez oder *diese* Gruppe. Aufgrund von sozio-ökonomischen strukturellen Barrieren sind die ethischen Entweder-oder-Entscheidungen bei Aufsteiger:innen besonders gravierend und tragisch.[19] Wollen wir in Organisationen, als Gesellschaft oder mit Blick auf den Planeten also Transformationskompetenz heben, dann muss es ein Anliegen sein, die ethischen Kosten von Aufsteiger:innen zu verringern.

Eine besonders griffige Zusammenfassung der Transformationskompetenz von Aufsteiger:innen ist ein Glaubenssatz meiner Gesprächspartnerin Nhi Le, mit dem ich dieses Kapitel enden lassen möchte. Er lautet: *be kind, but take no shit* – sei gut zu dir und anderen, aber lass dir nichts gefallen.

Kapitel 4:

Migrationskinder: Die Zukunftsseismograf:innen

Deutsche Lebenslügen

Die Publizistin und heutige Antidiskriminierungsbeauftragte der deutschen Bundesregierung Ferda Ataman schrieb 2019 in ihrem Buch *Ich bin von hier*, Menschen wie sie würden in Deutschland fortlaufend rhetorisch ausgebürgert, denn ihnen würden Fragen gestellt, die ihnen das Gefühl geben, sie wären nicht zu Deutschland zugehörig. Eine »zentrale Wahrnehmungsstörung im Einwanderungsland« sei, dass für viele nur diejenigen deutsch seien, die von Deutschen abstammen. Es gibt politisch sowie in der gesellschaftlichen Breite kein Selbstverständnis als postmigrantische Gesellschaft – also als eine Gesellschaft, die von migrantischen Erfahrungen sowie dem demografischen Wandel durch Einwanderung verändert ist.[1]

Menschen mit Migrationsbiografie sind hohen strukturellen Barrieren ausgesetzt, allen voran Rassismus, *Othering*[2] und Stigmatisierung,[3] vor allem, wenn sie mit Diskriminierungen aufgrund von Klasse oder Geschlecht verknüpft sind. Sie können Diskriminierungen auf individueller, struktureller, institutioneller und historischer Ebene erfahren.[4] Auch nehmen diese Barrieren zu, je selbstbewusster Menschen anfangen, ihre Stimme zu erheben, sichtbar werden, ihre Rechte einfordern oder mehr Macht erhalten. Dieses sogenannte Integrationsparadox wurde vom Soziologen Aladin Al-Mafaalani für Migrant:innen und ihre Nachfahren beschrieben.[5] Demzufolge wird unser Zusammenleben in einer Gesellschaft konfliktreicher, wenn Migrant:innen und ihre Nachkommen einen gleichberechtigten Platz einfordern, wir also im bestmöglichen Sinne in einer integrierten Gesellschaft leben. Verteilungskämpfe und Aushandlungen sind die Folge. In den vergangenen Jahren ist in der deutschsprachigen Region breiter zu *Race* als menschgemachter Unterdrückungskategorie, zu Alltagsrassismus, strukturellem Rassismus sowie politischen und gesellschaftlichen Handlungsmöglichkeiten geschrieben worden.[6] Über die strukturelle Unterdrückung von Schwarzen Menschen, von sogenannten Gast- oder Vertragsarbeiter:innen und ihren Kindern sowie von Personen of Colour hat in dieser *Zündstoff*-Reihe etwa Natasha A. Kelly mit *Rassismus* einen tiefgründigen Band publiziert.[7] Und das DeZIM, das Deutsche Zentrum für Integration und Migration, vermisst mit Theoriebildung und Empirie den Status quo der postmigrantischen Gesellschaft.[8]

Transformationskompetenz erwerben Menschen mit Migrationsbiografie der zweiten und dritten Generation zum einen auf Basis ihrer doppelten Sozialisation: In Deutschland geboren und aufgewachsen, balancieren sie kulturelle und soziale Codes ihrer Herkunft mit denen der deutschen Dominanzkultur aus. Vor allem sind es jedoch die biografischen Brüche entlang von Rassismus, die – meist schmerzhafte – Lernanlässe bilden. Daher bauen sie auch durch ihre Erfahrungen mit rassistischen Strukturen und ihren Umgang mit ihnen in ihrer Lebensgestaltung Transformationskompetenz auf. Die heterogene Gruppe der Menschen mit Migrationsbiografie der zweiten und dritten Generation teilt viele Lernanlässe und Erfahrungen mit Aufsteiger:innen, einige auch mit Wende- und Nachwendekindern. Und viele Mitglieder dieser Gruppe sind auch einer oder beiden anderen Gruppen zugehörig, wie das Beispiel von meiner Gesprächspartnerin Nhi Le zeigt.

Von denen, die Zukünfte remixen

Menschen mit Migrationsbiografie der zweiten und dritten Generation haben besonders offenkundige sprachliche Lernanlässe, wachsen sie doch meist mehrsprachig auf. Sie beobachten die deutsche Sprache auch im Vergleich zu anderen Sprachen, zu denen sie Zugang haben. Beiträge migrantischer Menschen und Communitys zu sprachlichen Neu-Interpretationen oder zur Jugendsprache haben stilbildenden Einfluss: Yallah, Ehrenmann, Babo oder cringe sind heute Wortschatz. Babo, der Boss, ist ein Wort aus dem Zazaischen, das in der Ost-Türkei gesprochen wird. Das Wort existiert auch im Bosnischen und im balkanischen Romani. Der Rapper Haftbefehl hat es 2012 im deutschsprachigen Raum mit seinem Lied *Chabos wissen wer der Babo ist* verbreitet.[9] Apache 207, der deutsche Superstar aus Mannheim, ein Aufsteiger mit türkischen Wurzeln, hat es noch schneller als Haftbefehl geschafft, mit seinen

Texten durchweg in allen Milieus gehört zu werden. Sein Hit *Roller* war 2021/2022 der meistgestreamte Song auf Spotify und wurde bis heute über 355 Millionen Mal aufgerufen. Er rappt in *Fühlst du das auch*, einem Lied über den Aufstieg, die Zeile »Du bist nicht mein Cousin und du bist nicht mein Kuseng«. Er kennt die Nuancen der deutschen Sprache genau. Gleichzeitig müssen Menschen mit Migrationsgeschichte aufgrund rassistischer Abwertungen immer mit einer unbewussten Voreingenommenheit ihnen gegenüber rechnen. Es ist dementsprechend wenig überraschend, dass eines der aktuell wichtigsten Bücher im deutschsprachigen Raum über Sprache von Kübra Gümüşay geschrieben wurde, einer deutschen Intellektuellen mit türkischer Migrationsgeschichte.[10] Zwei meiner Gesprächspartner:innen schilderten eindrücklich, wie stark sie sprachlich code-switchen, also automatisiert zwischen ihren Deutsch-Stilen wechseln, wenn sie mit Deutschen ohne Migrationshintergrund sprechen. Einer ist der erfolgreiche Sozialunternehmer und Jurist Said Haider, dessen Eltern aus Afghanistan stammen. Er spricht bewusst langsam, ruhig und betont leise, er formuliert sorgfältig und vermeidet Füllwörter wie »äh«. Beide Gesprächspartner:innen haben erfahren, dass sie nur so vom Gegenüber als gleichwertig anerkannt werden. Diese gelebten Erfahrungen prägen die Zukunftsfähigkeiten *Transformabilität*, *Kommunikations- und Übersetzungskompetenz*, *Multiperspektivität* und *Wissenskompetenz*.

»Das erste Mal überhaupt geflogen bin ich mit sechzehn Jahren nach Äthiopien. Damals war ich mehr entsetzt als erfreut, über die große Armut, aber auch die Sichtbarkeit, die wir hatten. Wir hatten hellere Haut, aber waren vor allem angezogen wie europäische Teenager.« Meine Gesprächspartnerin Jessica Gedamu ist Tochter eines äthiopischen Vaters und einer deutschen Mutter. Geboren in Köln, lebt sie heute mit Frau und Kind in Berlin. Sie arbeitet als Diversitäts-, Equity- und Inklusionsexpertin für den Vorstand eines internationalen Wissenschaftsverlags. Um die Verbindung mit ihrem äthiopischen Vater zu verfestigen, hat sie mit 21 Jahren zwei Jahre in Addis Abeba gelebt. »Zuvor war da ein Sehnsuchtsgefühl, aber keine richtige Andockung.« Ihre doppelte Sozialisation, sagt sie, hat ihren Blick auf die Welt geweitet, insbesondere die starken sozialen Kontraste. Während ihres Aufwachsens in Deutschland Zugriff auf ihre Herkunftscodes gehabt zu haben, habe in ihr eine tiefe *Perspektivenvielfalt* verankert: »Mein Blick auf eine Situation ist facettenreich. Strukturelle Elemente, die neutral erscheinen, aber Gruppen unterschiedlich beeinflussen, fehlende Zugänglichkeit zum Beispiel, denke ich immer mit.« Aus der Multiperspektivität heraus, so beschreibt es Jessica, hat sie letztlich ein feinsinniges *Konfliktbewusstsein* sowie eine *Kommunikations- und Vermittlungskompetenz* erworben. Sie ahnt Konflikte voraus, überdeckt Probleme nicht, sondern fügt andere Kontexte zu Situationen oder Identitäten hinzu, die Wahrnehmung beeinflussen, immer mit dem Ziel, gemeinsam Lösungen zu finden: »Ich bin ein ›broker of compromises‹, das heißt, ich versuche viel zu erreichen, indem ich Kompromisse finde. Denn der Wunsch nach Veränderung ist bei einigen mehr, bei anderen weniger ausgeprägt. Überschneidung finde ich zwischen gegensätzlichen Polen, indem ich mich eigentlich automatisiert in die Pole hineinversetze. Ich schaue, wo ist die Schnittmenge, und vermittle zwischen Vorstand und Belegschaft.

Ich würde sagen, ich bewahre einen kühlen Kopf und gehe gelassen an konfliktreiche Situationen ran.«

Aufgrund der Migration ihrer Vorfahren haben Viele familiäre Verbindungen ins Ausland. Sie verfügen daher häufig über Erfahrungswissen zu Geschmäckern, Musik, Kunst, politischen Systemen und Lebensstilen. Dies prägt ihre *Erfahrungsvielfalt* und auch ihre *Offenheit* im Umgang mit anderen Kulturen. Ihnen wird jedoch der Wert ihres Herkunftswissens aberkannt. Daraus speist sich transformationskompetentes Vorstellungsvermögen darüber, dass es unterschiedliche Sichtweisen darauf gibt, was zu einem Kanon gehört, und dass sich dies ändern kann. Dieses Wissen ist entscheidend, um selbst gezielt Veränderungen anstoßen zu können. Said Haider kam in unserem Austausch zu der Erkenntnis, man könnte ihn wohl an einem beliebigen Ort in der Welt aussetzen und aufgrund seiner Sprachkenntnisse, internationaler Netzwerke und seiner Wandlungsfähigkeit würde er gut zurechtkommen.

Die Migrationsforscherin Naika Foroutan erläutert in ihrem Buch *Die Gesellschaft der Anderen*, dass Eltern und Kinder unterschiedliche Umgangsweisen mit dem Neuen entwickeln. Sie beschreibt dies anhand ihrer eigenen Biografie: »Ich wollte tun, was meine Freunde taten. Mein Vater verachtete das. Es war ein Clash zwischen Selbstbild und Fremdbild des ›Westens‹.« Sie erzählt, dass sie, wie Jessica Gedamu auch, irgendwann in die Heimat ihrer Eltern gereist ist, um zu verstehen, wer sie ist. Denn wenn man Herkunftscodes nicht regelmäßig pflegen könne, beginne man sich sehr schnell zu assimilieren. Wobei es heute durch technische Infrastrukturen sehr viel einfacher sei, migrantische Codes lebendig zu halten und so dem Anpassungsdruck etwas besser zu widerstehen. So kann man heute günstig telefonieren und Fotos, Videos und Sprachnachrichten verschicken – es ist sogar möglich, gemeinsam mit Familienmitgliedern in der Heimat per Videocall zu kochen. Naika Foroutan schreibt, dass Mitglieder der zweiten und dritten Generation immer wieder darüber berichten, nach ihrer Identität zu suchen. Dies sei ein wichtiger Prozess, da die Strategie der Assimilation nicht davor schützt, rassistisch abgewertet zu werden. Egal, wie gut man Deutsch spricht oder wie viel Erfolg man sich erarbeitet, von der Mehrheitsgesellschaft wird einem weiterhin eine nicht-deutsche Identität zugeschrieben. Foroutan berichtet von Studien, die zeigen, dass Kinder der zweiten und dritten Generation besser mit Diskriminierung und Rassismus umgehen können, wenn ihnen die Communitys oder sozialen Codes ihrer Eltern noch zugänglich sind, weil sie einen Bezug zu ihrem »Anderssein« haben: »Ihnen wird nicht der Boden unter den Füßen weggezogen, weil jemand sagt, sie seien doch gar nicht Deutsch.« Daher sei ein empowerter, ein selbstbewusster Umgang mit den eigenen Wurzeln besonders wichtig. Und tatsächlich sei die Herkunftsfrage für die zweite und dritte Generation heute, anders als für ihre Elterngeneration, nicht mehr unbedingt defizitär, sondern sie bauen sich selbstbewusst einen »dritten Stuhl, mit dem sie sich an den symbolischen Tisch setzen«.[11]

Naika Foroutan beschreibt auch, dass die Kinder vom sogenannten *Immigrant optimism* ihrer Eltern profitieren – diejenigen, die ins Neue gehen, erhielten oft einen Lebensoptimismus in sich aufrecht. Sie sind weniger risikoscheu und tragen die Einstellung in sich, dass sie jederzeit wieder gehen können, wenn es nicht mehr weitergeht, wie Studien über Resilienz zeigen.[12] Auch mein Gesprächspartner Ali Can beschreibt seine Herkunftsprägung als Inspirationsquelle, um ins Neue aufzubrechen: »Meine Eltern haben das auch gemacht. Mehrmals versuchen, nach Europa kommen, und dann ständig improvisiert.« Die Kreativität, mit der seine Eltern mit den Herausforderungen des Neuen umgehen, hat ihn tief beeindruckt: »Papa konnte die Briefe aus dem Amt nicht verstehen. Da hat er in einem türkischen Imbiss für einen Euro einen Tee bestellt und nebenbei gefragt, ob der Kellner ihm wohl kurz etwas übersetzen könnte. Das war so kreativ in diesem Moment, das hat mich nachhaltig berührt. Das sitzt tief in meinen Knochen, die Kreativität meiner Eltern. Das Wissen um solche Erlebnisse prägt. Du hast es nicht einfach, du bist mehrfach marginalisiert. Es geht nur damit, legale Gelegenheiten zu sehen und sie zu nutzen. Was gibt es, wo sind Vorlagen, und dann lässt du dich treiben.« Die hier beschriebene produktive, nicht defizitäre Spannung zwischen Herkunftscodes und Mehrheitsgesellschaft ist der Raum, in dem Menschen mit familiärer Migrationsgeschichte Transformationskompetenz aufbauen können.

Netzwerke bilden, Bündnisse schmieden, schnell und lösungsorientiert arbeiten, das ist der natürliche Arbeitsmodus der Politikerin Sawsan Chebli. Sie ist 1978 in Berlin-Moabit als zwölftes von dreizehn Kindern palästinensischer Eltern geboren. Ihre älteren Geschwister sind in einem Flüchtlingslager im Libanon zur Welt gekommen, bevor die Familie nach Deutschland floh. Sie ist aufgewachsen mit Momenten voller Geborgenheit und Unterstützung, jedoch vor allem in akuter Armut, permanent existenzbedroht, mit Erinnerungen an behördliche

Schikanen, und bis sie fünfzehn Jahre alt wurde, war sie staatenlos. In Netzwerke nicht einfach hineingeboren zu sein, sondern sich Zugänge hart erarbeitet zu haben, lässt sie heute mit Kollaboration in Netzwerken reibungsloser navigieren. Weil ihr als Kind viel unkontrolliert zustieß, weiß sie um die Kraft und Solidarität in Netzwerken, aber auch um die Möglichkeiten, dass Türen für einen geöffnet werden, wenn Andere einen als Macher:in wahrnehmen. Sie verspürt, wie Jessica Gedamu auch, einen starken Antrieb, mehr *Gerechtigkeit* herzustellen, und ist dafür bereit, viel *Verantwortung* zu übernehmen: »Alles, was ich heute bin, alles, was ich sage, auch das Missionarische an meiner Arbeit, hat mit meiner Biografie zu tun. Ich ertrage Ungerechtigkeit nicht«, sagt Sawsan. Sie habe seit der Schule oft die Rolle der Anwältin für andere angenommen: »Lass es mal andere machen, bekomme ich nicht hin. Ich habe das Gefühl, etwas sagen zu müssen, weil es fast wehtut, einfach so zuzusehen, wie andere leiden.« Jessica und ihre Schwester sind früh von zu Hause ausgezogen, haben zeitweise auch in einem betreuten Wohnhaus gelebt. »Ich musste uns durchnavigieren von Anfang an und sehr früh Verantwortung tragen, dass wir sicher sind. Ich sehe Privilegien innerhalb von Gruppen auf einem Spektrum, weil ich selbst nicht so behütet aufgewachsen bin. Ich habe die Tendenz, viel Verantwortung zu übernehmen. Wenn ich es tue, dann ist es mir wichtig, und ich bleibe an den Dingen dran.«

Alle meine Interviewpartner:innen dieses Kapitels mussten schnell erwachsen werden. Im Angesicht unterschiedlicher Widrigkeiten haben sie früh allein Entscheidungen getroffen und deren Konsequenzen getragen. Die Familie von Sozialaktivist, Autor und Diversitätstrainer Ali Can etwa war in seiner Kindheit in Deutschland lange nur geduldet, über ihnen schwebte ständig die Möglichkeit der Abschiebung. Zeitweise drohte auch die Trennung der Familie, und Ali bekam eine Liste mit wichtigen Telefonnummern, für den Fall, dass der Vater abgeschoben werden würde. »Diese Verantwortung, hier hast du die Nummern und sorgst als ältester Sohn dann für Mama und deine Geschwister, das war langfristig prägend. So habe ich ein Stellvertretergefühl für meine Familie entwickelt.« Er war der Einzige, der Deutsch sprach und Bürokratie einigermaßen verstand. So wurde er Ansprechpartner für Rechtsanwalt, Behörden, Polizei, für Pässe und Banken. Er schaut heute immer mehrfach hin, was seine Familienmitglieder unterschrieben haben und ob sie dabei »übers Ohr gehauen« wurden. Ali entwickelte daraus auch ein hohes *Verantwortungsgefühl gegenüber anderen*: »Ich spüre eine hohe Bürger:innenpflicht, aufgrund dessen, was ich mitbringe, gerade da zu wirken, wo ich etwas gut kann.« Als Ali zwölf Jahre alt war, bekam seine Familie dann den Abschiebungsbescheid. Er, der Zwölfjährige, musste seinem Vater den entscheidenden Brief übersetzen.

Meine Gesprächspartner:innen entwickeln nicht nur ein hohes *Verantwortungsgefühl*, weil ihre Eltern aufgrund ihrer Lebensumstände nicht immer verlässlich für sie da sein konnten, sondern auch einen hohen Grad an *Selbständigkeit* und *Verantwortungsübernahme* sowie an *gelebter Transformabilität* und *Widerstandsfähigkeit*. Nhi Le sagt über ihre Schul- und Studienzeit, aber auch über erste Erfahrungen im Journalismus: »Ich habe das gemacht, ohne zu wissen, wie es geht. Meine Eltern haben so viel gearbeitet. Ich musste früh herausfinden, wie es funktioniert, mal mehr, mal weniger. Mein Prinzip ist: ›Einfach mal machen.‹« Sawsan Chebli berichtet davon, dass sie in der achten Klasse Probleme mit einem Lehrer hatte, weil dieser meinte, sie gehöre nicht aufs Gymnasium. Sawsan entschloss sich, die Schule zu verlassen, und hat für den Wechsel weder ihre Geschwister noch ihre Eltern eingebunden. Auf der neuen Schule wurde sie zum Abitur eine der Schulbesten. Derart weitreichende Entscheidungen als Kind zu treffen, schafft innere Voraussetzungen, auch künftig Entscheidungen basierend auf Wissen, eigenen Werten und Intuition treffen zu können.

Naika Foroutan beschreibt in *Gesellschaft der Anderen* noch eine weitere Dynamik, die bei Kindern mit Migrationsbiografie der zweiten und dritten Generation zu einer hohen Bereitschaft zur Verantwortungsübernahme führt. Ihre migrierenden Eltern oder Großeltern haben ihren ursprünglichen Status verloren und müssen sich erneut ohne Netzwerke hocharbeiten. Sie investieren auch deswegen in ihre Kinder, hoffen auf deren Aufstieg und geben ihnen im Umkehrschluss mit, dass sie etwas an die Gesellschaft zurückgeben sollten.[13] Ob die eigenen Eltern hohe Leistungen bei ihren Kindern einfordern oder aufgrund ihrer eigenen prekären Lage erwartungslos bleiben: In ihren transformationskompetenten Kindern ist nicht nur ein Samen für Verantwortungsbewusstsein gesät, sondern auch für *Disziplin* und *hohe Leistungsbereitschaft*, ähnlich wie bei ostdeutschen Aufsteiger:innen. Sawsan beschreibt es für sich folgendermaßen: »Ich habe es geschafft, weil ich Ehrgeiz, Glück, gute Eltern und tolle Wegbegleiter hatte, die an mich geglaubt haben. Ich war zielstrebig wie viele Migrantenkinder – du ziehst dein Ding radikal durch. Ich wollte immer die Beste sein und habe dann auch Respekt und Anerkennung für meine Leistung erhalten. Mir war klar, dass Standard nicht reicht, um den Aufstieg zu schaffen. Ich wusste genau, was ich tun muss, um perfekte Leistungen zu erbringen. Ich war unglaublich diszipliniert und ehrgeizig.«

Das Bildungssystem ist nicht für alle ein Weg raus, sondern für viele auch eine große Hürde, wie meine Gesprächspartner:innen berichten. Zwei von ihnen sind die Unternehmerin und Investorin Gülsah Wilke und Ali Can. Gülsah erzählt, wie ihre Mutter, eine Verkäuferin, ihr letztes Geld in die Hand nahm, um für einen Monat eine Mitgliedschaft beim lokalen Tennisclub zu bezahlen. Ihre Kollegin war die Ehefrau des Rektors eines angesehenen Gymnasiums im Ort, desselben, auf das auch Bundesgesundheitsminister Karl Lauterbach ging. Es war bei einem Essen im Club, als Gülsahs Mutter ihrer Tochter einen einwöchigen Probeplatz am Gymnasium verschaffte. Gülsah schaffte nicht nur die erste Woche. Sie übersprang später eine Klasse und beendete die Schule unter den Jahrgangsbesten.

Ali und Gülsah erzählen, dass sie in ihrer Schulzeit nie auffallen wollten, jedoch trotzdem immer im Scheinwerferlicht standen. Sei es das nach Knoblauch riechende türkische Brot Lahmacun in der Brotdose oder abwertende Kommentare von Lehrer:innen wie: »Schaut mal, sogar Gülsah, die Türkin, kennt die Antwort.« Beide haben unterschiedliche Bewältigungsstrategien im Umgang mit Alltagsrassismus und Othering im Unterricht gewählt. Weil sie immer unterschätzt wurde, hat Gülsah an ihrem Selbstbewusstsein wie an einem Muskel gearbeitet. Ihre psychische Standardeinstellung wurde nicht die Verbitterung, sondern das »Jetzt erst recht«. Sie entwickelte großen Ehrgeiz und auch Resilienz, insbesondere bei einem Wort: »Nein ist für mich Ansporn geworden. Ich kann sehr gut mit einem Nein umgehen. Zu oft habe ich in meinem Leben aus einem Nein ein Ja gemacht und bin trotz eines Neins in eine bessere Position gekommen.« Für Gülsah sagt ein Nein immer mehr über die Person selbst aus, die verneint, und es wurde ihr Ziel, diese Person zu widerlegen. Sie war laut eigener Aussage in ihrem Leben oft die Erste – die Erste, die studiert, bei Axel Springer direkt unter dem Vorstand, im Investmentteam. Irgendwann hätte sie für sich das Mindset selbstbewusst, offen und schlagfertig entwickelt: »Ich gehöre hierher. Wenn mich jemand komisch von der Seite anmacht, reagiere ich. Letztens hat bei einem DAX-Dinner jemand zu mir gesagt: Sie sprechen aber gutes Deutsch. Da meinte ich direkt zurück, ich hatte ja auch 36 Jahre seit Geburt Zeit, es zu lernen. Mein Panzer ist die Offensive, immer mit einem Lachen und einem zwinkernden Auge. Da rein, da raus.«

Wie Ali auch, hat sie zudem einen Scannerblick für den Raum entwickelt. Sie weiß, wenn jemand über sie redet. »Ich habe Fühler entwickelt für soziale Dynamiken«, so beschreibt es Ali. Er erklärt, dass Migrant:innen immer mitdenken würden, wie sie wahrgenommen werden. Ali ist als einziger muslimisch gelesener Junge in der Schulklasse in einer tief katholischen Gegend aufgewachsen. Er hat früh Othering, Mobbing und Rassismus erfahren und bekam so den Eindruck, dass er gefallen müsse, weshalb er anfing Theater zu spielen und sich eine eloquente Sprache anzueignen: »So konnte ich in Rollen schlüpfen und meinen Alltag – arm, geduldet, ausgegrenzt, mich immer erklären müssen – für ein paar Stunden lang vergessen.«

Später studierte er Literatur, Ethik und Darstellendes Spiel für das Lehramt. Er wollte einerseits eine defizitorientierte Erfahrung zu einer Stärke machen. Andererseits wusste er um den Wert guter Noten und wollte als Autoritätsperson sicherstellen, dass Kinder künftig eine bessere Umgebung haben als er damals. Auch Gülsah hat einen starken *Gerechtigkeitssinn* entwickelt, der ihr Leben durchzieht. Sie möchte zurückgeben und für andere einstehen, die ungerecht behandelt werden. Beide wollen *Verantwortung* übernehmen und leiten aus diesem Verständnis für ihr heutiges Leben einen klaren Blick auf Chancen und Innovationsmöglichkeiten ab. Gülsah lebt ihrer eigenen Aussage nach stark in der Zukunft. »Ich ziehe Veränderungen an und erlebe mittlerweile Domino-Reaktionen, dass sich Türen öffnen. Wenn du einmal durch neue Türen gehst, dann machst du das immer wieder. Ich musste Veränderungen immer kommen sehen – ich hatte nie eine andere Möglichkeit. Das war meine sichere Zukunft.« Hätte Gülsah Veränderungen nicht angenommen, sagt sie, dann hätte sie sich nicht derart weiterentwickelt und könnte heute nicht anderen helfen, die ähnliche Herausforderungen haben. Gülsah deutet hier auch das auf den ersten Blick paradox wirkende Zusammenspiel von Sicherheit und Veränderung an, das ich ja selbst ebenfalls sehr gut kenne. Die Frage nach Sicherheit ist für Menschen mit Migrationsbiografie essenziell und vielschichtig. Auf finanzieller Ebene sind sie häufig existenzbedroht aufgewachsen und haben Ohnmachtsgefühle, zum Beispiel im Kontakt mit der Bürokratie erlebt. Seit ihrer Kindheit sind sie physischer und psychischer Gewalt sowie Bedrohung ausgesetzt, durch Rechtsradikale und Faschisten, aber auch durch Hass, Hetze und Morddrohungen online.

Wer mit der Herstellung der eigenen Sicherheit – körperlich, mental oder finanziell – beschäftigt ist, hat oft keinen Kopf für etwas anderes, zum Beispiel Zukünfte. Transformationskompetente Menschen schaffen es trotzdem, *Resilienz* aufzubauen. Weil sie über wenig soziales und kulturelles Kapital verfügten, lernten sie früh den Wert von Netzwerken, Beziehungen, Freundschaften und Kollaboration kennen – für ihren eigenen Schutz, für ihre Widerstandsfähigkeit, aber auch, um in sicheren Umgebungen Freude zu empfinden. Eine meiner Gesprächspartnerinnen beschreibt es so: »Es ist wichtig, einen Kreis zu haben, wo man komplett frei sein kann. Ich schaffe auch Netzwerke und Beziehungen für andere. Ich habe Strukturen erkannt, ich kann auf Frauen zählen und weiß, ich muss Allianzen bilden. So viele Angriffe, Shitstorms und Morddrohungen erlebt zu haben, hat mir gezeigt, es geht auch wieder weg. Andere wären erschlagen. Ich habe mir antrainiert, das nicht so nah ranzulassen. Ich bin abgebrühter geworden, aber nie empathielos.«

Doch gespeist aus der Erfahrung von Mangel, struktureller Ungerechtigkeit und Rassismus empfinden einige einen starken Antrieb in die Zukunft. Jessica Gedamu kennt das gleichzeitige Bedürfnis nach Sicherheit und Veränderung ebenfalls: »Wir hatten als Familie immer wenig Geld. Mein Vater hat im Winter teils nicht geheizt. Ich habe ein großes Bedürfnis an finanzieller Sicherheit. Aber mein Berufsleben und mein Ehrenamt bedingen Veränderung. Ich möchte Menschen, die unterrepräsentiert sind, stärker einbinden und ihnen mehr Möglichkeiten geben können. Mein Aufwachsen hat meinen Veränderungsdrang und meine Veränderungsenergie geprägt.« Die *Veränderungsbereitschaft*, die Jessica hier beschreibt, ist eng verbunden mit den Kompetenzen Future Literacy und Visionskraft. Sie sieht die Möglichkeit, die Zukunft für marginalisierte Menschen zu verändern, und arbeitet konkret an der Umsetzung dieser Vision. Auch bei Sawsan zeigt sich der Zusammenhang von Veränderungsdrang, Vision und Future Literacy ganz deutlich, wenn sie sagt: »Ich habe keine Angst vor Veränderung, sie ist immer eine Chance für Gutes. Ich hasse Starre und Stehenbleiben. Ich möchte Unrecht nicht einfach hinnehmen, sondern helfen die Welt zu verändern, im Kleinen.«

Die Gründungsarbeit von Gülsah Wilke und Ali Can zeigt, wie Veränderungsdrang in Verbindung mit Future Literacy und Visionskraft zu konkretem Wandel in unserer Gesellschaft führen kann. Gülsah hat die Organisation 2hearts gegründet, die Menschen mit Migrationsgeschichte im Technologiesektor miteinander verknüpft und deren Herzstück ein Mentoringprogramm bildet. Die Community ist inzwischen zweitausend Mitglieder stark und basiert auf dem Gedanken, dass wir die Chancen, die Einwanderung bietet, wahrnehmen sollten. Gülsah ist klar, dass Menschen der zweiten und dritten Generation mit Migrationsgeschichte eine hohe Resilienz, Hartnäckigkeit und einen starken Willen mitbringen, weil sie sich ihre Position von klein auf erarbeiten mussten. Doch für beruflichen Erfolg sind Netzwerke wichtig, was eine große Hürde darstellt. Gülsah setzt sich dafür ein, dass Arbeitgeber:innen den hohen Wert migrantischstämmiger Mitarbeiter:innen erkennen und Zugänge für sie eröffnet werden. Sie betont den großen »Hunger« von migrantischen Arbeitnehmer:innen und Gründer:innen: »Das sind keine Lifestyle-Gründer. Die erkennen ein Problem und gehen mit allem rein, was sie haben.«

Die von Ali gegründeten Projekte sind vor allem für die besondere Kommunikations- und Vermittlungsfähigkeit bekannt. Sie versuchen Brücken zu bauen zwischen der Mehrheitsgesellschaft und mehrfach marginalisierten Gruppen. In einem seiner Projekte sprach Ali beispielsweise mit Menschen, die sich PEGIDA angeschlossen haben, und eröffnete später medienwirksam eine »Hotline für besorgte Bürger«. Wie Gülsah sind ihm die *systemischen Zusammenhänge* unserer Gesellschaft bewusst. In seiner Arbeit beschäftigt er sich etwa mit dem großen Konfliktpotenzial des Komplexes von der immer unsicherer werdenden Rente, den kippenden Versicherungsbeiträgen, dem demografischen Wandel und dem Fachkräftemangel. Gesellschaftlich stehen wir hier vor einem großen nötigen Wandlungsprozess. Um diesen bewältigen zu können, arbeitet Ali daran, Entscheider:innen auf allen Ebenen für Transformationen, Chancengerechtigkeit und die Potenziale insbesondere von Menschen mit Migrationshintergrund empfänglicher machen. Für sein Engagement ist Ali auch mit dem Bundesverdienstkreuz ausgezeichnet worden.

Sawsan Chebli beschreibt, welchen Einfluss ihre doppelte Sozialisation auf ihre Kompetenz hat, *systemisch zu denken*. Sie könne sich Systemwandel sehr eindrücklich vorstellen – eine rassismusfreie Welt genauso wie eine Diktatur. »Ich weiß«, sagt Sawsan, »es ist ein Privileg, in einer Demokratie zu leben, teilhaben zu dürfen, laut und solidarisch zu sein, Dinge nicht hinzunehmen. Nichts, was du hast, ist gegeben, du musst dafür hart arbeiten. Es kann jederzeit anders werden. Wir sehen Dinge anders: Rassismus, demokratische Prozesse, Privilegien oder auch Haltung.« Aufgrund dieser Erfahrung spürt sie häufig auch eine enge Verbindung mit Ostdeutschen: »Ich habe es trotz des politischen Systems geschafft. Denn unser System zeichnet für Leute wie mich eine andere Zukunft vor.«

In den Aussagen meiner Interviewpartner:innen scheint die Bedeutung einer klaren *Wertorientierung* und *gelebten Haltung* als orientierender Handlungsanker durch. Werte wie Prinzipientreue, Familie, Mitgefühl, Barmherzigkeit, Religion, Empathie, Struktur und Ordnung, Ehrlichkeit, Vertrauen sind für transformationskompetente Menschen wichtig. Als Gründe für diese Wertekompetenz wurden die tiefe Verbundenheit zu den Opfern, welche die Eltern für ein besseres Leben erbracht haben, genannt sowie die Konfrontation mit strukturellen Barrieren in frühester Kindheit.

»Mir erzählt keiner, was Armut ist«, twitterte Sawsan Chebli 2018. Zuvor war ein Foto von ihr auf Twitter verbreitet worden, auf dem sie eine Rolex-Uhr trägt. Der Vorwurf: Wie könne sie glaubwürdig sozialdemokratische Politik machen und gleichzeitig eine teure Uhr tragen? Über Tage hinweg war sie das Ziel rassistischer und klassistischer Angriffe in sozialen Medien. Mich hat dieser Satz damals zutiefst berührt. Ihre Geschichte zeigt die strukturelle Diskriminierung und Gewalt, der sie als migrantischstämmige Frau aus armen Verhältnissen immer wieder ausgesetzt ist: »Die rassistische Überzeugung ist: Leute wie ich dürfen keine teuren Sachen tragen. Sie haben arm zu bleiben. Wir waren bitterarm, kauften im Supermarkt mit Gutscheinen ein. Genussmittel wie Schokolade waren komplett ausgeschlossen. Mein Vater hat sich als Spüler in einer Hotelküche seinen Rücken kaputt gearbeitet. Das Geld hat kaum gereicht. Oft brachte er von der Tafel Lebensmittel mit nach Hause. Wenn ich dann höre, dass mein Vater nie was geleistet hat und wir unser ganzes Leben vom Staat alimentiert wurden, werde ich wütend. Es ist so, als hätten Leute wie wir für ewig dankbar zu sein, dass wir überhaupt hier leben dürfen. Ansonsten sollen wir unsere Klappe halten und nicht auffallen. Eine Rolex dürfen nur echte weiße Deutsche tragen.«

Rassismus ist auch eine massive Einschränkung von Freiheitsgraden. Alle Gesprächsteilnehmer:innen berichten, dass sie sich viel weniger Fehltritte als nicht-rassifizierte Menschen erlauben dürfen. Dies führt dazu, dass sie immer auch ein Stück weit »auf der Hut sind« und versuchen, sehr präzise und genau zu arbeiten. Es ist der tägliche Umgang mit ihrem Andersgemachtwerden durch die Mehrheitsgesellschaft sowie dem strukturellen Rassismus, der ihnen entgegenschlägt.[14] Alle meine Interviewpartner:innen bestätigen Prozesse des Andersgemachtwerdens und strukturellen Rassismus von frühesten Kindheitstagen an. »Nach zwei Tagen Kita ging ich richtig wütend auf meinen Vater los. Ich war von Kindern aufgezogen worden, weil ich eine dunklere Hautfarbe hatte, und habe meinen Vater dafür verantwortlich gemacht«, erzählt Jessica Gedamu. »Als afrikanischstämmiges Mädchen habe ich Exotisierung erfahren, viel ungewollte Aufmerksamkeit von Männern. Dies hat meinen *Wunsch nach Gerechtigkeit* entflammt.« Auch Code-Switching als Bewältigungsstrategie ist verbreitet, wie Ali Can erzählt: »Ich bin in jeder Welt ein anderer, bei meinen Eltern bin ich anders als bei der Arbeit oder im Alltag. Im Alltag werde ich eben so behandelt, wie Menschen, die wie ich aussehen, behandelt werden. Ich versuche, im Alltag sofort kommunikativ ebenbürtig zu sein, um damit die Andersbehandlung zu reduzieren.« Er nennt diese Strategie in Anlehnung an Code-Switching *Cultural-Switching*. Diese Strategie muss permanent angewandt werden und sie geht mit einer inneren Zerrissenheit einher: »Das ist kein harmonisches Mosaik, kein ›Ich zeige mal diese Facette, dann jene‹. Nein, das ist anstrengend.« Er beschreibt, dass immer thematisiert und eingeordnet werde, wer er sei. Als Migrant:in müsse man sich immer der Norm erklären. Das löse einen sogenannten *Race Stress* aus. Ali hat sich auch Strategien aufgebaut, wie er der Anstrengung des Switchings entgehen kann. Er sucht sich Räume und Dinge, in denen er sich vom Switching befreien kann: »Wenn wir in den Wald fahren, um dort zu spazieren, dann spaziere ich da weder als Deutscher, Türke, Kurde, Alevit oder Migrant, sondern ich spaziere einfach.«

Deutschland wurde in den vergangenen Jahren zum zweitgrößten Einwanderungsland der Welt. Vierzig Prozent aller in Deutschland geborenen Kinder haben heute eine Migrationsgeschichte.[15] Weil transformationskompetente Menschen mit Migrationsbiografie ihre Arbeitskraft mitbringen, werden sie immer entscheidungsmächtiger werden: Es wird Zeit, dass wir ein Land werden, das genau das erkennt und wertschätzt.

Kapitel 5:

Zusammenhalt in Vielfalt

Transformationskompetent sein

Obwohl Transformationskompetenz eine unglaubliche Relevanz für unsere Gesellschaft hat, wird sie bislang als Ressource für den nötigen gesellschaftlichen Wandel beinahe ignoriert. Ich habe mich begonnen zu fragen, wo in unserer Gesellschaft diese Ressource noch verborgen liegt. Meine Recherche hat mich neben den jungen Ostdeutschen zu Menschen, deren Familien vor einer oder zwei Generationen migriert sind, und Aufsteiger:innen geführt. Meine Interviews haben mir gezeigt, dass dank dieser Gruppen überall im Land Transformationskompetenz zu finden ist. Sie wird von den Menschen tagtäglich gezeigt und vielschichtig eingesetzt – bei Innovationen im Beruf, im Ehrenamt, bei Neugründungen, beim gemeinsamen Vordenken in Brafe Spaces, in sozialen Bewegungen, der Wissenschaft, Kultur, der Wirtschaft und Politik. Transformationskompetenz ist dabei immer auch Zukunftskompetenz, weshalb ich bei der Betrachtung der Fähigkeiten der drei Gruppen auch das Konzept der Zukunftsfähigkeiten miteinbezogen habe. Es wird ganz deutlich, dass die Angehörigen dieser drei Gruppen trotz all ihrer unterschiedlichen Hintergründe und Erfahrungen sehr ähnliche Kompetenzsets für Zukunft und Wandel in sich tragen. Und hierin liegt eine unglaublich positive Kraft, denn wenn wir anerkennen, was wir trotz unterschiedlichster Gruppenzugehörigkeiten gemeinsam haben, kann gesellschaftlicher Zusammenhalt gelingen. Es hat sich gezeigt, dass alle drei Gruppen eine ganz grundlegende Zukunftsfähigkeit teilen: Für sie ist Systemwandel vorstellbar. Sie können multiple Perspektiven auf ein komplexes Problem einnehmen, diese kommunizieren und zwischen ihnen vermitteln. Gleichzeitig haben sie ein ausgeprägtes Bewusstsein für das Konfliktpotenzial der Situation. Aufsteiger:innen, Menschen mit Migrationsbiografie der zweiten und dritten Generation und junge Ostdeutsche sind gleichermaßen anpassungs- wie widerstandsfähig, was bei ihnen kein Widerspruch, sondern die Fähigkeit ist, jeder neuen Situation begegnen zu können. Weiterhin zeichnet sie ein hohes Maß an Disziplin aus, genauso wie Leistungsbereitschaft, Selbstständigkeit, Verantwortungsübernahme (für sich und andere) und damit verbundene Rechenschaftspflicht, vielfach getragen von einem ausgeprägten Gerechtigkeitssinn. In Veränderung finden sie Sicherheit und ziehen sie förmlich an. Zuletzt, und das ist eine gute Nachricht für unsere Gesellschaft, haben sie erkannt, wie wichtig Netzwerke sind, wie sie sich trotz ihrer gruppenspezifischen strukturellen Barrieren Zugänge erarbeiten können und wie sie eigene effektive Bündnisse schmieden.

Es ist auch deutlich geworden, mit welchen Barrieren sich transformationskompetente Menschen in unserer Gesellschaft konfrontiert sehen. Ob politische Ämter, hohe Positionen in Wirtschaft, Verwaltung, Wissenschaft oder Kultur – die bestehende Elite reproduziert sich größtenteils homosozial. Das heißt, es gelangen meist nur Menschen in entscheidende Positionen, die den Personen gleichen, die diese bisher bekleiden[1] – und zu wenig Menschen mit Transformationsvorsprung. Hier besteht Handlungsbedarf für politische Entscheider:innen und Wirtschaftslenker:innen. Sie müssen diese Kraftanstrengung gemeinsam mit der organisierten Zivilgesellschaft wagen. Nur im gemeinsamen Zusammenarbeiten, Herausfordern und Antreiben, getragen von einem positiven Narrativ, wird es gelingen, die Barrieren zu überwinden.

Auch wenn klar ist, dass wir die strukturellen Barrieren abbauen müssen, vor denen die transformationskompetenten Menschen stehen, sind es häufig gerade diese, an denen sie ihre Kompetenzen haben aufbauen können – eine bittersüße Erkenntnis. Das Navigieren, Durchstehen, jahrelange Kämpfen und Abarbeiten an ihnen waren schmerzhafte Lernanlässe, anhand derer die Betroffenen Transformationskompetenz aufgebaut haben. So mischen sich in fast allen persönlichen Berichten Umbruchserfahrungen und Erlebnisse mit strukturellen Barrieren. Erst in der Reflexion wird vielen gewahr, mit welcher Intensität beides miteinander verwoben ist. Die Psychotherapeutin Meg Jay hat einen innigen und einladenden Appell geschrieben für Menschen, die Widrigkeiten in ihrer Kindheit erlebt haben und bereit sind, sich ihren psychischen Verletzungen zu widmen.[2]

Indem wir transformationskompetente und -erprobte Menschen stärker in den Fokus rücken, stellen wir sicher, dass diejenigen in unserer Gesellschaft Richtungsentscheidungen treffen, gestalten und führen, die ein geschärftes Bewusstsein für systemische Alternativen haben, System-

wandel kennen und ihn imaginieren können. Transformationskompetente Menschen haben eine stark benötigte
Vorbildfunktion. Weil sie selbst meist keine Vorbilder hatten, wissen sie um ihren gesellschaftlichen Auftrag. Wenn
wir strukturelle Barrieren für transformationskompetente
Menschen überwinden, profitieren wir als ganze Gesellschaft von den politischen Änderungen. Wenn wir den
dringend benötigten gesellschaftlichen Wandel angehen
wollen, müssen wir transformationskompetenten Menschen endlich ermöglichen, ihre Fähigkeiten vollumfänglich einzusetzen.

Ohne systemische Veränderungen geht es nicht

Nicht alle jungen Ostdeutschen, nicht alle Aufsteiger:in-
nen und nicht alle Menschen mit Migrationsbiografie
der zweiten und dritten Generation können gut mit Veränderung umgehen, denn es gibt viele strukturelle Gründe,
die bedingen, dass Transformationskompetenz nicht ausgeschöpft werden kann. Das zeigt sich unter anderem,
wenn man die Hintergründe bestimmter kritischer Beobachtungen über die Transformationskompetenz in den
drei Gruppen betrachtet:

Transformationsmüde: *Ostdeutsche sind veränderungsmüde
und verbittert.* Wie oft kann sich ein Mensch neu erfinden,
wie oft alles verlieren? Manche junge Erwachsene und junge Eltern von Wendekindern haben sich nach dem Mauerfall noch komplett beruflich umorientiert, sich selbständig
gemacht und einen Kredit aufgenommen. Die Zinsen und
Tilgungsraten waren damals derart hoch, dass viele erst

in den 2010er-Jahren ihre Schulden zurückgezahlt hatten. Die Pandemie sowie die andauernde Energiekrise und Inflation haben viele erneut in die wirtschaftliche Schieflage gebracht und die Situation schürt Ängste, das hart erarbeitete bisschen Wohlstand zu verlieren. Menschen dieses Beispiels sind heute Mitte fünfzig, sie haben ihre Transformationskompetenz längst eingebracht.

Führungsmüde: *Viele Menschen der drei Gruppen wollen gar nicht führen.* Wir brauchen ein breites Führungsverständnis und individuelle Führung auf allen Ebenen, nicht ausschließlich in sogenannten Elitepositionen. In der Breite führen transformationskompetente Menschen längst. Führungsmüde wird, wer keine Inspiration aus möglichen Tätigkeiten zieht und keinen Platz für sich erkennt. Junge Menschen haben vielfach keine Ambitionen auf Führung, weil die Arbeitsbedingungen schlecht sind.[3]

Eine Studie zeigt, dass Frauen sich mit ihren Covid-19-Erfahrungen deutlich seltener vorstellen können, eine Führungsposition auszufüllen. Der Grund: die Care-Arbeit, die zu übergroßen Teilen noch immer nicht von Männern übernommen wird.[4] Und zuletzt: Die Pandemie zeigte, dass die eh schon Marginalisierten mit den größten strukturellen Barrieren und den größten Traumata auch am stärksten unter der Pandemie gelitten haben. Verschränkte strukturelle Barrieren erschöpfen transformationskompetente Menschen und halten sie vom Führen ab.

Gründungsängstlich: *Warum sehen wir so wenige erfolgreiche Gründer:innen aus den drei Gruppen?* Der über die Zeit stabile Faktor, warum Menschen gründen, ist ihr finanzielles Auffangnetz. Unternehmerische Initiative ist maßgeblich abhängig von finanzieller Sicherheit, nicht von Risikobereitschaft oder Vision. Menschen gründen, wenn es nicht existenzbedrohlich ist, sollten sie scheitern. Haben sie jedoch kaum Vermögen oder vermögende Netzwerke, gründen sie weniger. Alle drei Gruppen verfügen über hohe Transformationskompetenz, aber nur über wenig Kapital.

Vision Gap: *Wo sind die, die mutig voranschreiten? Junge Ostdeutschen »backen eher kleine Brötchen«, Aufsteiger:innen arbeiten angepasst für Großkonzerne im mittleren Management. Sie trauen sich einfach nicht.* Wir wissen aus einer Studie weiblicher Führungskräfte, dass sie während der Covid-19-Pandemie aus Sicht ihrer Teams ihre männlichen Kollegen in allen Vergleichspunkten übertrafen, außer in einem: Eine Vision formulieren und andere dieser folgen lassen.[5] Wir können davon ausgehen, dass Menschen der drei hier betrachteten Gruppen ähnliche Gründe wie Frauen haben, nicht »I have a dream« zu sagen, sondern eher »I have a plan«: Sie werden häufiger in Frage gestellt, ihre Expertise angezweifelt oder sie werden schlicht nie nach ihrer Zukunftsvorstellung gefragt. Ihre Transformationskompetenz stellt das aber nicht in Frage. Millionen von Menschen, die sagen »I have a plan«, helfen unserer Gesellschaft nicht nur weiter, sie gestalten sie fern eines Held:innen-Mythos – ein Genie, das alles alleine löst – mit der nötigen Demut, sie nehmen sich mehr Zeit, Antworten auf harte Fragen zu finden. Bearbeiten wir wiederum strukturelle Barrieren, werden wir auch von mehr Träumer:innen profitieren.

Es gibt so viele Beispiele von transformationskompetenten und -erprobten Menschen der drei Gruppen, dass klar ist: *Sie alle machen schon. Jeden Tag.* Aber können die, die mehr machen wollen, das auch? Denn was auch klar ist:

Die Kraft der transformationskompetentesten, -erprob-testen und resilientesten Menschen in unserer Gesellschaft nicht stärker zu nutzen, ist keine Option. Wir verschenken dadurch dringend benötigtes gesellschaftliches Potenzial.

Damit wandlungserprobte Menschen ihre Kompetenz auch ausleben können und unser Planet, unsere Demokratie, Organisationen und Gemeinschaften sowie die Person selbst, also wir alle, davon profitieren können, müssen auf mehreren Ebenen deutliche Veränderungen her. Folgende Ansätze müssen auf der übergeordneten Ebene von Staat, Politik und Recht verfolgt werden, damit transformations-kompetente Menschen ihre Fähigkeiten einsetzen können:

Kindertagesbetreuung ausbauen und gute Arbeit für Frauen: Im wiedervereinigten Deutschland ist die Infrastruktur für die Betreuung von Kindern sehr schlecht ausgebaut. Gegenwärtig fehlen über 340 000 Kitaplätze.[6] Da transfor-mationskompetente Menschen meist über weniger Ressourcen verfügen, um Kinderbetreuung im Zweifelsfall privat zu organisieren, ist dies ein zentraler Punkt, wenn wir Transformationskompetenz heben wollen. Allein in Deutschland umfasst die sogenannte Stille Reserve, also diejenigen Menschen, die derzeit nicht oder nur wenig arbeiten können, obwohl sie es sich wünschen, 3,1 Millionen Menschen. Frauen machen mehr als die Hälfte der Stillen Reserve aus. Dabei verfügen sechzig Prozent der Stillen Reserve über ein mittleres oder sogar hohes Quali-fikationsniveau.[7] Um mehr gelebte Transformationskom-petenz in unserer Gesellschaft erreichen zu können, müs-sen wir also Kindertagesbetreuung ausbauen. Dazu gehört auch, den Erzieher:innen-Beruf finanziell aufzuwerten. Zusätzlich müssen wir bessere Arbeitsbedingungen für alle mit der Betreuung, Pflege und Erziehung von Kindern Betrauten schaffen.

Therapieplätze ausbauen: Um Transformationskompetenz aufbauen zu können, müssen ungesunde Bewältigungsstrategien und Traumata aufgearbeitet werden. Doch Therapieplätze sind in Deutschland rar, der Bedarf übersteigt das Angebot um ein Vielfaches.[8] Dabei ist eine flächendeckende, schnell zugängliche, kostenlose oder günstige Therapie-Infrastruktur Voraussetzung für eine resiliente Gesellschaft – und für das Heben von Transformationskompetenz.

Konjunkturkomponente aktualisieren: Die Investition in echten Wandel wird in Deutschland von einem Aspekt der im Grundgesetz verankerten Schuldenbremse gehindert: der sogenannten Konjunkturkomponente. Diese erlaubt, dass sich der Staat zusätzlich verschulden kann, wenn das Bruttoinlandsprodukt unter dem sogenannten geschätzten Produktionspotenzial der Wirtschaft liegt. Je größer diese Lücke ist, desto mehr darf ausgegeben werden. Doch das Produktionspotenzial wird anhand von hochgerechneten Werten aus der Vergangenheit geschätzt – selbst wenn in Anreize für gesellschaftliche Transformation wie Kinderbetreuung und mehr arbeitende Frauen investiert wird. Größere, in der Zukunft lohnende Investitionen werden so verunmöglicht – was verheerend ist für echte gesellschaftliche Transformation. Es braucht also eine einfache Gesetzesänderung des Produktionspotenzials, keine Grundgesetzänderung, um strukturellen Wandel in unserer Gesellschaft voranzubringen.[9]

Kindergrundsicherung: Wissenschaftliche Studien zeigen, dass Kinder, deren Eltern unter ökonomischem Druck stehen, ihr Potenzial nicht ausschöpfen können. Umgekehrt bedeutet das: »Geld macht also schlau.«[10] Wenn wir gesellschaftlich das Potenzial transformationskompetenter Menschen ausschöpfen wollen, müssen wir für eine Kindergrundsicherung sorgen.

Institutionelle Förderung: Vereine, Sozialunternehmen und Netzwerke, welche die Interessen transformationskompetenter Menschen politisch vertreten, brauchen ungebundene nachhaltige Finanzierung, um Wirkung erzielen zu können, z.B. thematische Philanthropy-Funds (Stiftungen fördern ein Thema, indem eine Vielzahl von Organisationen unterstützt wird, die alle für eine breite Mission, zum Beispiel Vermögensverteilung, arbeiten) sowie Investitionen in Infrastruktur.[11]

Einbindung der und Zusammenarbeit mit der Zivilgesellschaft: Um das bereits bestehende Wissen und die Erfahrung bezüglich Wandlungsprozessen nutzen zu können, sollten Empowermentorganisationen, Netzwerke und die organisierte Zivilgesellschaft transformationskompetenter Menschen mit ihrer Expertise viel enger und strategischer als bisher eingebunden werden in politische Diskussions- und Beratungsgremien, bei der Ausarbeitung von Gesetzesvorschlägen sowie für Konsultationen (z.B. zu Vorhabenplanung und Folgenabschätzung).[12]

Diversifizierung von Begabtenförderung und Ausbildungspools: Der Zugang zu Begabtenförderung und Stipendien ist für Menschen mit Umbruchserfahrung gegenwärtig stark erschwert. Auch die Diversität an zugangsbeschränkten Institutionen, zum Beispiel Journalist:innenschulen, ist besorgniserregend niedrig.[13] Die strukturellen Ausschlüsse, die diese Beschränkungen darstellen, müssen dringend angepasst werden, damit transformationskompetente

Menschen überhaupt in Positionen in unserer Gesellschaft gelangen können, wo sie ihrer Kompetenz entsprechend effektiv handeln können.

Repräsentationsdefizit schließen: Der Grad der sozialen Gerechtigkeit einer Gesellschaft zeigt sich darin, inwieweit Menschen ihr Potenzial entfalten können. Gegenwärtig mangelt es an Repräsentation transformationskompetenter Menschen auf allen Ebenen. Es ist daher Aufgabe des Staats, Anreizsysteme für eine faire Repräsentation in der Wirtschaft und einen Maßnahmenplan für Repräsentation in der Bundesverwaltung sowie in Ministerien zu schaffen. Um dies zu ermöglichen, müssen allerdings erst einmal die Datenlücken bezüglich der Repräsentation transformationskompetenter Menschen geschlossen werden.[14]

Folgende Ansätze müssen auf der gesellschaftsstrukturellen Ebene von Unternehmen und Organisationen verfolgt werden, um Transformationskompetenz zu heben:

Umbrüche und Umwege als Gewinn anerkennen: Entscheider:innen mit Personalverantwortung müssen sich über transformationskompetente Biografien kundig machen und ihre eigenen Vorurteile und Rassismen hinterfragen. Da sich Transformationskompetenz in Menschen aufbaut, die große Umbrüche bewältigt haben, sind geradlinige Lebensläufe bei transformationskompetenten Menschen sehr unwahrscheinlich – in einer Welt, die sowohl neue Fragen als auch neue Antworten erfordert, werden vielfältige Lebensläufe interessanter. Vermeintlich einfache Lösungen sollten Manager:innen und Personaler:innen dabei kritisch sehen: Keine Künstliche Intelligenz filtert in Selektionsverfahren transformationserprobte Menschen zuverlässig als geeignet heraus. Es ist wahrscheinlicher, dass sie in automatisierten Verfahren aussortiert werden.

Lohn- und Zeitgestaltung verbessern: Organisationen sollten ihre Mitarbeitenden besser bezahlen, sie weiterbilden und fördern. Das ist wichtig, denn transformationskompetente Menschen starten mit deutlich weniger finanziellem, sozialem und kulturellem Kapital ins Leben. Zudem ist die Vier-Tage-Woche bei vollem Lohnausgleich ein wichtiges Instrument, um »Zeitwohlstand« herzustellen.[15] Mehr Zeit für Beziehungen, politische Partizipation oder das Ehrenamt ist ein essenzieller Faktor zum Gelingen gesamtgesellschaftlicher Transformation sowie zur Stärkung der Demokratie.[16]

Räume traumasensibel gestalten: Organisationen wenden atemberaubend viel Zeit dafür auf, sich in Meetings zu organisieren. Je größer ein Unternehmen ist, desto stärker sinkt die Arbeitsproduktivität, wenn der Koordinations- und Kommunikationsaufwand nicht gut bewältigt wird. In starkem Kontrast dazu steht die geringe Aufmerksamkeit, die der Gestaltung von Räumen für Austausch, Co-Creation, Kreativität, Strategie oder Teambuilding gewidmet wird. Dabei sollten diese dringend traumasensibel und inklusiv gestaltet sein, wenn das Potenzial von Teams voll ausgeschöpft werden soll. Ein möglicher Ansatz sind die anfänglich bereits beschriebenen Brafe Spaces, also mutig-sichere Räume. Ist einmal institutionell anerkannt, dass Fragen von Zugehörigkeit und Ausgrenzungserfahrungen das Leben vieler Mitarbeiter:innen durchziehen, können Transformationskompetente besser arbeiten.

Mutige Führung: Starke Führungspersönlichkeiten der Mehrheitsgesellschaft sind jetzt gefragt, Auswahlverfahren als Nachteil für die eigene Zukunftsfähigkeit zu erkennen, die z.B. in Bezug auf Geschlecht und soziale Herkunft sehr homogene Ergebnisse erzielen. In Vorbereitung von Unternehmens- und Führungsnachfolgen sollten transformationskompetente Bewerber:innenpools auf- und ausgebaut werden. Es braucht auch mehr spezifisch biografische Weiterbildungs-, Leadership- sowie Vernetzungsmöglichkeiten. Auch Gründungsinitiativen sowie -programme müssen andere Zugänge bieten und ihre Programminhalte und -instrumente an die Bedürfnisse der Menschen der beschriebenen drei Gruppen anpassen. Wenn Führungskräfte nicht wissen, wo sie anfangen sollen, lohnt sich ein intensives, sicheres 1:1-Coaching zum Thema, wie es beispielsweise zu Fragen der Repräsentation von Frauen bereits verbreitet ist. Es macht etwas mit Menschen, wenn sie ihresgleichen nicht unter den Einflussreichen, den Mächtigen und den Regierenden wiederfinden, wenn es zu wenige Aufstiege und Vorbilder gibt. Daher brauchen wir transformationskompetente Menschen in Führungspositionen. Diesen Vorbildern muss Platz und Sichtbarkeit verschafft werden, und sie selbst müssen ihre Vorbildfunktion annehmen.

Transformationskompetenz entfesseln

Die vorherigen Kapitel haben deutlich gemacht, dass wir als Gesellschaft die Gegenwart besser gestalten und wünschenswerte Zukünfte für alle realisieren können, wenn Menschen mit Transformationskompetenz die Chance haben, ihre Superkraft zu heben und in verantwortungsvollen Positionen einzusetzen. Dabei ist Transformationskompetenz ein durch Erfahrung angeeignetes Potenzial, das von den transformationskompetenten Personen in unterschiedlichem Grad ausgeschöpft wird.

Wie sähe nun eine Welt aus, in der es uns gelänge, die Superkraft transformationskompetenter Menschen zu entfesseln? Eine Welt, in der transformationskompetente Menschen mehr Zukunft zu verantworten und darüber zu entscheiden hätten? Was wäre anders? Wird menschliche Transformationskompetenz freigesetzt, werden wir deutlich effektiver, kohärenter und resilienter an komplexe, ineinandergreifende Transformationen herangehen können – auch mit Blick auf die planetaren Grenzen. Sowohl der gesamtgesellschaftliche Nutzen als auch die Vorteile für Unternehmen und Organisationen wären immens. Und Menschen mit Migrationsbiografie, Aufsteiger:innen und junge Ostdeutsche könnten endlich vollumfänglich ihre Fähigkeiten zeigen. Auch darüber könnte eine innere Einheit in Vielfalt in unserer Gesellschaft hergestellt werden.

Systemisches Denken in Forschung, Entscheidungen und Prioritätensetzung verankern: In einer Welt, in der transformationskompetente Menschen ihre Fähigkeiten einsetzen könnten, würden gesamtgesellschaftliche Entscheidungen, zum Beispiel Gesetzesentwürfe und langfristige Investmententscheidungen großer Unternehmen, insbesondere daraufhin geprüft, inwieweit sie systemische Missstände beheben. Transformationskompetente Menschen können sich jederzeit andere Systeme vorstellen. Sie arbeiten mit hoher Analytik sowie mit Mustererkennung und -übertragung, einer wichtigen Fähigkeit für Kreativität. Sie finden umfangreiche langfristige Antworten auf Systemstörungen wie strukturelle Gewalt, Desinformation oder Überkonsum, weil sie die ihnen zugrundeliegenden Ursachen systematisch zurückführen können.

Komplexität unserer Welt halten und binäres Denken überwinden: Einfache Lösungen für komplexe gesellschaftliche Probleme sind langfristig keine guten Lösungen. Transformationskompetenten Menschen ist das bewusst, denn ihr Vorstellungsraum ist komplex. Sie haben, wie im Fall vieler Menschen mit Migrationsbiografie der zweiten und dritten Generation, wiederkehrend erlebt und in der Reflexion durchdrungen, wie sozioökonomische Fragen zu Integrationsfragen gemacht und dadurch stark vereinfacht wurden. Als Wendekinder haben sie erlebt, dass Diskurse à la »So isser, der Ossi« wieder und wieder von den eigentlichen Schmerzpunkten wie ungleicher Vermögensverteilung oder der massenhaften Abwanderung von Frauen ablenken. Komplexität zu akzeptieren bedeutet auch, binäres Denken zu überwinden. Binäres Denken sortiert Informationen in sich gegenseitig ausschließende Optionen – bis hin zu nur einer vermeintlich alternativlosen Option. Gehobene Transformationskompetenz macht es den Menschen leichter, in Graustufen zu denken und dies der Vereinfachung gegenüber zu bevorzugen.

Utopien ins Erreichbare holen: Weil transformationskompetente Menschen in ihrer Kindheit und Jugend mehr Umbrüche durchgestanden haben als andere Menschen in ihrem ganzen Leben, sind für sie Utopien genauso wie Dystopien körperlich, seelisch, intellektuell und emotional vorstellbar. Weil ihre gelebten Erfahrungen sie außerhalb der Gauß'schen Normalverteilung einer Gesellschaft positionieren, sind transformationskompetente Menschen zudem Seismograf:innen für gesellschaftliche Veränderungen.[17] Für Zukunftsgestaltung bedeutet dies, dass sie mit ihren Erfahrungen Utopien in den Bereich des Erreichbaren holen können: Sie betrachten Utopien nicht nur als naive Träume, sondern können sie als richtungsweisend verstehen und durch das frühzeitige Erspüren von Bruchlinien in der Gesellschaft tatsächlich auch anstreben.[18] Es ist erwartbar, dass mehr transformationskompetente Menschen in Entscheidungspositionen mehr Utopien und Paradigmenwechsel umgesetzt bekämen.

Zukünfte erklären und Brücken bauen: Dass transformationskompetente Menschen uns als Gesellschaft unseren Utopien näherbringen können, basiert auch auf ihrer ausgesprochenen Erklärfähigkeit.[19] Weil sie wissen, dass fast nichts in unserer Gesellschaft voraussetzungsfrei ist, erzählen sie ihre Zukunftsvorstellungen nachvollziehbar und verständlich. Weil für sie in der Vergangenheit Code-Switching und Assimilation überlebenswichtige Strategien waren, kennen sie die Mehrheitsgesellschaft wie ihre Westentasche. Weil sie schon immer viel stärker gefordert waren, sich Gehör zu verschaffen, können sie heute gewandt Narrative der Zukunft erzählen. Aufgrund von vorgestern und gestern sind sie die Brückenbauer:innen zwischen jetzt und morgen.

Brafe handeln: Transformationskompetente Menschen hängen an vielem, aber an nichts so sehr wie an der Veränderung. Sie suchen ihren Lebenssinn in der Veränderung, sie ziehen sie förmlich an und gehen mutig voran. Allein das unterscheidet sie fundamental von anderen. Was sie aber zu außergewöhnlichen Zukunftsgestalter:innen macht, ist ihre Überzeugung, dass Veränderung mehr Sicherheit für alle bedeutet. Der Status quo ist nicht sicher für alle, seine Aufrechterhaltung ist nicht erstrebenswert. Sie sind »brafe« – mutig und sicher. Sie überwinden damit einen vermeintlich festgeschriebenen hemmenden Widerspruch, nämlich dass wir als Gesellschaft zwischen Sicherheit und Veränderung entscheiden müssten. Sie richten ihren Blick stattdessen darauf, welche psychischen, sozialen und finanziellen Absicherungen nötig sind, damit wir wünschenswerte Veränderungen erreichen und nicht ausschließlich Krisen navigieren.[20]

Konventionen in Frage stellen und systemrelevante Wertschöpfung fokussieren: Die den Stand heute zementierenden Beharrungskräfte der deutschen Gesellschaft sind beachtlich, insbesondere mit Blick auf die Herausforderungen, vor denen wir gegenwärtig stehen. Die Beharrungskraft, die uns einredet, möglichst wenig Veränderung würde Sicherheit erzeugen, habe ich bereits widerlegt. Doch um Zukünfte gestalten zu können, müssen solche Vorstellungen in allen gesellschaftlichen Bereichen kritisch und transformationskompetent auseinandergenommen werden. Die Konventionen aus der Vergangenheit bringen uns nicht weiter bei der Aushandlung, wie wir wünschenswerte Zukünfte gestalten können. Transformationskompetente Antworten stellen Weichen für Wachstum, das nur so viele Ressourcen verbraucht, wie nachwachsen können. Weil sie mit deutlicher Mehrheit in sozioökonomisch schwierige Umstände geboren wurden, wissen transformationskompetente Menschen um das längst gebrochene Gesellschaftsversprechen »Aufstieg durch Leistung«.[21] Auch ihre Perspektiven auf Wohlstand, Vermögensverteilung und Eigentum sind aufgrund dessen differenziert. Mit transformationskompetenten Menschen in Arbeitsteams steigt die Wahrscheinlichkeit, dass generalisierende Begriffe wie Freiheit dekonstruiert, reflektiert und stattdessen die Fragen gestellt werden, auf die es bei nachhaltiger Wertschöpfung und gesellschaftlichem Zusammenhalt ankommt.[22]

Gerechtigkeit im Kern: Mehr Gerechtigkeit für alle Menschen ist die größte Antriebsfeder für transformationskompetente Menschen, die ich in meiner Analyse ausmachen konnte. Sie messen den Erfolg ihres Handelns daran, wie viel Sicherheit, wie viel Durchlässigkeit, wie viele Chancen oder wie viel Systemwandel sie für möglichst viele Menschen schaffen können. Ihr Antrieb ist getragen von einem durch eigene Erfahrung angeeigneten Potenzial an Vorstellungsvermögen und Empathie mit anderen sowie der Fähigkeit zu verändern. Mit transformationskompetenten Menschen in Führung steigt die Wahrscheinlichkeit, dass Fragen ökologischer und sozialer Gerechtigkeit als Querschnitt in jedwede Transformationsbemühungen einfließen.

Strong backs, soft fronts, wild hearts – eine neue Führungskultur: Um in herausfordernden Momenten Verbundenheit mit sich selbst und anderen zu spüren, hat die US-amerikanische Professorin und Autorin Brené Brown folgende Führungsstrategie ausgemacht: Rückgrat zeigen, zugewandt bleiben und im Innern frei sein. Transformationskompetente Menschen haben Führungspraktiken wie diese durch gelebte Erfahrungen verinnerlicht. Wenn diese Erfahrung reflektiert werden konnte, kann sie als Voraussetzung dienen, als Unternehmer:in neue Institutionen mit wünschenswerten Führungskulturen zu gründen oder auch als Arbeitnehmer:in eine wünschenswerte Führungshaltung einzunehmen. Hinzu kommt, dass transformationskompetente Menschen Zynismus genauso widerstehen wie der Ausgrenzung anderer zur eigenen Aufwertung und einem Empathieverlust gegenüber anderen.

Das tun sie vor allem, weil sie Ausschlüsse selbst erlebt haben. Außerdem haben sie die Erfahrung gemacht, dass sie weiterkommen, wenn sie kraftvoll und freundlich zugleich sind, wie viele meiner Interviewpartner:innen berichten. Sie wissen, Freundlichkeit ist ihre Stärke, und das nehmen sie mit in ihre neue Führungskultur. Oder wie es die ostdeutsche queerfeministische Rapperin Sookee einmal formulierte: *Only the strong stay soft.*

Neue demokratiestärkende Allianzen

»Es gibt Momente, in denen sich unsere Gewissheiten auflösen und sich unsere kollektive Vorstellung von dem, was möglich ist, dramatisch ändert. Die Menschen beginnen, die Gegenwart zu ignorieren und stattdessen über die Zukunft nachzudenken – die Zukunft, die sie sich erhoffen, oder die Zukunft, die sie fürchten«, schreibt der Philosoph Ivan Krastev in *Ist heute schon morgen?*.[23] Wenn sich in Krisen unsere Gewissheiten auflösen, dann öffnen sich Möglichkeitsfenster für Veränderung,[24] es werden mehr Risiken eingegangen. Menschen mit Migrationsbiografie der zweiten und dritten Generation, Wendekinder und die Ersten, die in ihrer Familie studieren, sind in genau solchen Situationen prädestiniert dafür, Orientierung zu geben und zu führen, denn sie wissen um Alternativen zur gesellschaftlichen Norm, sie sind besser vorbereitet und können solche Möglichkeitsfenster schneller nutzen. Auch der Soziologe und Politikwissenschaftler Robert Braun spricht davon, dass Menschen aus marginalisierten und unterrepräsentierten Gruppen in Krisen zu Führenden werden. Sie sind es, die in Kippmomenten gegen Unterdrückung, Gewalt und Ungerechtigkeiten aufbegehren, nicht die Mehrheit der Bevölkerung. Die Eigenschaften, die Menschen in Friedenszeiten nützen, sind laut Braun in Krisensituationen oft keine Hilfe, eher im Gegenteil.[25] In Krisensituationen brauchen wir vielmehr jene Fähigkeiten, die in Umbruchphasen und Krisen erworben wurden.

Und was wäre, wenn uns die nötigen Transformationen unserer Gesellschaft gelängen? Wenn wir eine rassismus-freie Welt erreichen, wenn wir die Klimakrise bewältigen, einen starken gesellschaftlichen Zusammenhalt in Demo-kratien erreichen oder eine Welt ohne Armut? Wenn wir die Transformationen vom Ende her denken, wird deutlich, dass belastbare, nachhaltige demokratische Allianzen den Unterschied gemacht haben werden.[26] Sie werden zum Bei-spiel die Fragen beantwortet haben, ob Gerechtigkeit für alle möglich sein wird, ob die Digitalisierung den Planeten und auf ihm lebende Menschen zentriert haben wird und ob weltweit, nach einem kurzfristigen Rückgang, wieder mehr Länder zu Demokratien übergetreten sein werden oder nicht. Die neuen demokratischen Allianzen, in denen wir die Transformationen umsetzen können, sind weit um-spannend. Sie sind Teil der aktiven Zivilgesellschaft und in Unternehmen genauso wie in Wissenschafts-, Kultur- oder politischen Institutionen zu finden. Die neuen Allianzen blicken auf Gemeinsamkeiten und paaren dies gleichzeitig mit Empathie und Pragmatismus für Unterschiede. Sie sind empowernd, inklusiv und traumasensibel. Und eine essenzielle Rolle in den neuen Allianzen spielen Menschen mit Transformationskompetenz, denn sie bringen Anwen-dungswissen und Motivation für Zukünfte mit. Sie sind in den Allianzen diejenigen, die Veränderungen durchdringen, und daher diejenigen, die ermutigen können, die bestehenden und kommenden Transformationen mitzugestalten.[27] Nur gemeinsam können wir erreichen, was wir erreichen müssen: ein Aufrechterhalten und sogar Erweitern der Lebensgrundlagen für kommende Generationen. Neue demokratische Allianzen ermöglichen geteilte Vorstellungskraft und die Formulierung von Zukünften. Zukünfte, die ernsthaft ausgehandelt werden ohne Abwehrhaltung zu Alternativen. In der Zusammenarbeit steigen Bereitschaft und Akzeptanz, grundlegend neue Ansätze für unser Leben zu gehen. Erst zusammen, in den bestmöglichen Händen und gemeinsam auf den Schultern derer, die vor uns kamen, können wir wünschenswerte Zukünfte zu einer Wirklichkeit für alle werden lassen.

Du trägst Wandel in dir

Ich habe dieses Buch aufgrund meines tiefen Verantwortungsgefühls gegenüber meinen Communitys – feministisch, klassenreisend, ostdeutsch – und meiner Familie geschrieben. Auch war mir wichtig, meine Erkenntnisse aus über zehn Jahren politischer Community- und Empowermentarbeit zugänglich zu machen. Im Rahmen der Recherche sind das Wissen, die gelebten Erfahrungen und die Aufopferungen vieler Autor:innen, Aktivist:innen und Vordenker:innen eingeflossen, auf deren Schultern wir alle stehen. Die Memoiren des osteuropäischen Wendekinds Lea Ypi haben mich tief bewegt und motiviert, immer weiterzumachen: »Wenn man einmal erlebt hat, wie ein System sich verändert, ist es nicht so schwer zu glauben, dass es wieder passieren kann. Aus dem Kampf gegen Zynismus und politische Apathie wird, was manche vielleicht eine moralische Pflicht nennen; für mich ist es eher eine Verpflichtung, die ich jenen Menschen gegenüber verspüre, die in der Vergangenheit alles geopfert haben, eben weil *sie* nicht apathisch waren, weil *sie* nicht zynisch waren, weil *sie* nicht geglaubt haben, dass die Dinge sich schon irgendwie von selbst regeln, wenn man ihnen nur freien Lauf lässt. Wenn ich untätig bleibe, werden ihre Bemühungen vergeudet sein und ihr Leben sinnlos.«[1] Mein Wunsch ist, dass wir uns endlich beherzt und mit mutigem Handeln der Gegenwart und den Zukünften stellen. Hierzu müssen wir alle mehr Transformationskompetenz erkennen und heben – mit strukturellen politischen Interventionen, mit Mut, Eigeninitiative, Optimismus und Weitsicht.

Wünschenswerte Zukünfte brauchen neue Narrative. Wir können nicht sein, was wir nicht sehen (wollen). Dass wir in unseren Gesellschaften überall von menschlichen Rohdiamanten umgeben sind, deren Transformationskompetenz, einmal gehoben, transformativen Wandel ermöglicht, ist genau eine solche positive dezentrale Grunderzählung, über Organisationen und Lösungsansätze hinweg. Es kann wandlungserprobte Menschen unglaublich motivieren zu wissen: Wenn du auch viel zu früh viel zu viel auf die harte Tour lernen musstest, deine Transformationskompetenz, deine biografische Superkraft, kann dir niemand mehr nehmen. Transformationskompetenz ist überwiegend in sozialer Herkunft verwurzelt. Jetzt, da wir in einem »kollektiven Moment« überall gesellschaftliches Auseinanderdriften, den Rückzug ins Private und Forderungen nach autoritärer Stärke spüren, sind Klasse und soziale Herkunft kraftvoller sozialer Kleber, der gesellschaftlichen Zusammenhalt stärkt.

Dieses Buch ist für alle, die es auch spüren, aber denen vielleicht noch ein Begriff fehlte, der ihren Gefühlen, ihrem Blick auf die Welt und ihrem Gestaltungsanspruch Ausdruck verleiht. Ich sehe euch, ich feiere euch, ihr stimmt mich zuversichtlich. Ich freue mich, bei euch und mehr Menschen wie euch künftig *transformationskompetent* in euren Bios zu lesen. Wenn die Anerkennung und das Heben von Transformationskompetenz ein roter Faden sein kann, der zu mehr Verbundenheit, mehr wünschenswerten Zukünften und Hoffnung für alle führt, dann wird eine grundlegend andere Welt möglich.

Danksagung

Meine guten Freund:innen und feministischen Wegbeglei-
ter:innen, ohne die ich dieses Buch nie geschrieben hätte:
Bianca, Kristina, Kübra, Teresa, Nadja, Jenny, Sophie,
Christin, Neele, Lena und Pia, Birte, Maria N., Aline, Lisa,
Naomi, Alice, Lydia, Köddi, Emilia, Dorothee, Karin, Jas-
min, Martin F., Eva-Juliane. Meine ostdeutsche N3GO-
Community: Adriana, Jane, Claudia, René, Franziska,
Kristina, Katrin, Torsten, Katharina, Isabelle, Constanze,
Timo, Christian, Nadia, Martin und Anne S. sowie Anne
K. Meine O-K-Crew: Ferda, Elisa, Jana, Sammy, Şeyda,
Abini, Anna, Daniel, Christian und Cihan. Meine Ge-
sprächs- und Interviewpartner:innen, die dieses Buch mit
ihren Perspektiven so facettenreich haben werden lassen
und deren Lebenserfahrungen und Worten ich doch nie
ganz gerecht werden konnte: Kristina L., Sawsan, Jessica,
Nhi, Kristina K., Gülsah, Ali, Said, Rainer, Katja, René,
Kenza und Merve. Meine Gastgeber:innen, bei denen ich
meinen room of one's own fand: Maria M., Tristan, Michi
und Karin, Tobi und Tanja sowie Dennis. Meine wunder-
bare Lektorin Urte, danke für all deine Unterstützung und
deine <3<3<3, insbesondere dann, wenn es besonders lus-
tig oder besonders zäh war. Meine tolle Agentin Céline, die
an mich glaubte, und Julia, die uns mit einer E-Mail ver-
band und so dieses Buch erst ermöglichte. Meine Familie:
F & H, Mama, Papa und Bruderherz. Danke, dass ich so
persönlich werden konnte.

Quellen und Anmerkungen

Über Krisen und wie sie sich anfühlen

[1] David I. Armstrong McKay et al.: Exceeding 1.5 °C global warming could trigger multiple climate tipping points, Science 2022.

[2] Joyeeta Gupta et al.: Earth system justice needed to identify and live within Earth system boundaries, Nat Sustain 2023.

[3] Potsdam-Institut für Klimafolgenforschung: Gerechtigkeit als Schlüssel zum Leben innerhalb der Erdsystemgrenzen, 02.03.2023.

[4] *Zeit Online*: Nur noch 45 Prozent der Weltbevölkerung leben in einer Demokratie, 10.02.2022.

[5] Transformativer Wandel meint »strukturelle[n] Wandel, der das Zusammenspiel von institutionellen, kulturellen, technologischen, ökonomischen und ökologischen Dimensionen eines bestehenden Systems verändert. Er wird neue Entwicklungspfade freischalten, einschließlich sozialer Praktiken und Weltanschauungen.« In: Florian Mersmann et al.: Shifting Paradigms. Unpacking Transformation for Climate Action, Wuppertal Institute for Climate, Environment and Energy GmbH 2014.

[6] Hendrikje Rudnick: Die »gläserne Klippe«: Warum Frauen oft erst in der Krise ins Top-Management kommen – und dann ein hohes Risiko haben, zu scheitern, *Business Insider*, 30.03.2022.

[7] Luke Goode, Michael Godhe: Beyond Capitalist Realism – Why We Need Critical Future Studies. Culture Unbound. Journal of Current Cultural Research 2017, 9(1), S. 109–129.

[8] Ali Aslan Gümüşay, Juliane Reinecke: Researching for Desirable Futures: From Real Utopias to Imagining Alternatives, Journal of Management Studies 2021.

[9] Armin Grunwald: Wovon ist die Zukunftsforschung eine Wissenschaft? In: Reinhold Popp, Elmar Schüll (Hrsg.): Zu-

kunftsforschung und Zukunftsgestaltung, Berlin/Heidelberg: Springer Verlag 2009.

10 Jeannette Gusko: Von der Zukunft zu wünschenswerten Zukünften, *future_s*, 2023. URL: future-s.de

Kapitel 1: Was ist Transformationskompetenz?

1 Kora Kristof: Erfolgsfaktoren für die gesellschaftliche Transformation. Erkenntnisse der Transformationsforschung für erfolgreichen Wandel nutzen, Dessau-Roßlau: Umweltbundesamt, 2021, S. 1.

2 Sascha Friesike, Johanna Sprondel: Träge Transformation – Welche Denkfehler den digitalen Wandel blockieren, Leipzig: Reclam 2022, S. 5 ff.

3 Alles Wissen in diesem Kapitel gründet sich auf Erfahrungen und Beobachtungen von über 10 000 Wendekindern. Diese haben in über zwölf Jahren zivilgesellschaftlichen Engagements des Netzwerks 3te Generation Ost mit ihren Selbsterfahrungen zu diesem Community-Erfahrungsschatz beigetragen.

4 Adriana Lettrari, Christian Nestler, Jane Porath: Transformationskompetenz der Wendekinder – Annäherung an eine etymologische, transdisziplinäre Exploration. In: Zeitschrift für Demokratie gegen Menschenfeindlichkeit, 30 Jahre Mauerfall. Demokratie und nun? Frankfurt a.M. Wochenschau Verlag 2/2019, S. 72–91.

5 Adriana Lettrari, Nadja Troi-Boeck, Christian Nestler (Hrsg.): Die Generation der Wendekinder – Elaboration eines Forschungsfeldes, Wiesbaden: Springer VS 2016.

6 Adriana Lettrari, Christian Nestler, Jane Porath: Wendekinder in der Berliner Republik und Europa. Transformationskompetenz – eine etymologische, transdisziplinäre Exploration. In: Volker Benkert (Hrsg.): Unsere Mütter, unsere Väter. Deutsche Generationen seit 1945, Frankfurt a.M./New York: Campus Verlag 2020.

7 Lettrari, Nestler, Porath: Transformationskompetenz der Wendekinder, S. 72–91.

8 Jeannette Gusko: Das Potenzial der Wendekinder. In: Bericht 2022. Ostdeutschland. Ein neuer Blick, 2022.

⁹ Jeannette Gusko: 30 Jahre Einheit: Erkennt endlich das Potenzial des Ostens, *XING Insider*, 01.10.2020.

¹⁰ *Code-Switching* bezeichnet die Fähigkeit, »den eigenen Stil in der Sprache, im Aussehen, im Verhalten oder im Ausdruck solcherlei anzupassen, dass er den Komfort/der Bequemlichkeit von anderen dient im Austausch für faire Behandlung, Qualitätsservice und berufliche Möglichkeiten«. In: Courtney L. McCluney et al.: The Costs of Code-Switching, *Harvard Business Review*, 15.11.2019.

¹¹ Die Zusammenstellung fasst Erkenntnisse sowohl kontinuierlicher wissenschaftlich-konzeptioneller Arbeit sowie politischer Empowerment-Arbeit des Netzwerks 3te Generation Ost zusammen.

¹² Exemplarisch nennen möchte ich Michael Hacker et al. (Hrsg.): Dritte Generation Ost: Wer wir sind, was wir wollen, Berlin: Ch. Links Verlag 2012, biografische Texte der Autor:innen Robert Ide, Jana Hensel oder Sabine Rennefanz. Im Laufe der zehnjährigen Netzwerkarbeit haben Netzwerkmitglieder hundertfach Zeugnis abgelegt, wie sie ihre doppelte Sozialisation wahrgenommen haben, u.a. in: Lucas Riemer, Lars Frohmüller: Kaum ostdeutsche Führungskräfte – Wie zwei Initiativen Ostdeutschen mehr Macht geben wollen, *MDR Sachsen-Anhalt*, 19.03.2023.

¹³ Der Begriff Klassismus beschreibt die Diskriminierung aufgrund von sozialer Herkunft und Position.

¹⁴ Gusko: Von der Zukunft zu wünschenswerten Zukünften.

¹⁵ Jeannette Gusko, Patrice G. Poutrus, Kathleen Heft, Julia Boek: Ostdeutsche, *DeZIM meets taz talk*, 06.10.2020.

¹⁶ Patrice G. Poutrus: Fremd im eigenen Land? Ostdeutsche als Migrant:innen? Eine skeptische Entgegnung, *Bundeszentrale für politische Bildung*, 13.04.2022.

¹⁷ Pionier:innen-Arbeit leistet hier Katharina Warda, z.B. mit der Veranstaltungsreihe »LET'S TALK ABOUT CLASS #12: Ostdeutsche Klassenerzählungen« oder im Gespräch mit Tupoka Ogette im »tupodcast«.

¹⁸ Die Disney-Produktion *Sam. Ein Sachse*, die erste Mainstream-Serie über einen Schwarzen Mann in der DDR, mitentwickelt von der Autorin Abini Zöllner, sei hier hervorgehoben.

¹⁹ Es handelt sich um Einhörner-Start-ups, also Neugründungen,

die mit >1 Milliarde US-Dollar bewertet sind. Steven I. Weiss: More Than Half of America's Unicorns Have Immigrant Founders. Billion-dollar startups by those born outside the U.S. have grown more than 500 percent since 2018, *Inc*, 29.08.2022.

[20] Thomas Bittner: Ostdeutsche als Führungskräfte – »Auf dem Weg nach oben stoßen viele auf Decken aus Panzerglas«, *rbb24*, 02.02.2023.

[21] Lettrari, Nestler, Porath: Transformationskompetenz der Wendekinder, S. 73.

[22] Minna Salami: Sinnliches Wissen: Eine schwarze feministische Perspektive für alle, Berlin: Matthes & Seitz 2021.

[23] Mehr Hintergründe zu Traumaarbeit und Verantwortungsübernahme: Strive up your life Podcast #18 mit Dr. Steffen Elbert: Was hat Führung mit Trauma zu tun?, *Strive Magazin*, 26.04.2023.

[24] Stina Michelson: Children's narratives about well-being in the face of difficult life experiences: Renegotiated self-understandings as turning points. Department of Social Work, Stockholm: Stockholm University 2022.

[25] Brafe Spaces sind Räume, die sowohl mutig (»brave« im Sinne von etwas wagen, über sich hinauswachsen) als auch sicher (»safe« im Sinne psychologischer Sicherheit) sind.

[26] Der Jugendrat der Generationen Stiftung, Claudia Langer (Hrsg.): Ihr habt keinen Plan. Darum machen wir einen, München: Penguin Random House Verlagsgruppe 2019.

[27] Ich zitiere ein Plakat vom dritten weltweiten Klimastreik von Fridays For Future in Berlin am 20.09.2019, an dem 1,4 Millionen Menschen in Deutschland teilnahmen.

[28] Peter Spiegel, Arndt Pechstein, Annekathrin Grüneberg, Anabel Ternès von Hattburg (Hrsg.): Future Skills: 30 Zukunftsentscheidende Kompetenzen und wie wir sie lernen können, München: Verlag Franz Vahlen 2021.

[29] Die gesamte Übersicht der 30 Zukunftsfähigkeiten findet sich auch in: https://ebildungslabor.de/blog/future-skills-kurz-zusammengefasst/

1 Ich empfehle hierfür »Herr Täubert wird nicht mehr gebraucht« in: Christian Gesellmann, Josa-Mania Schlegel: Ostdeutschland verstehen, Berlin: Krautreporter 2019.

2 *MDR*: Den ganzen »Salat« loswerden« – Wie die Treuhand den Osten verkaufte, 07.04.2022.

3 *New York Times*: Covid: Mental Health Languishing, 19.04.2021.

4 Johanna M. Wetzel et al.: Entangled Racisms: Erfahrungen mit Rassismus während der DDR, der Wiedervereinigung und im heutigen Ostdeutschland, NaDiRa Working Paper, i.E.

5 Abini Zöllner: Volkseigener Rassismus. Die systematische Ungleichbehandlung in der DDR und ihre Nachwende-Folgen. In: Franziska Richter (Hrsg.): Traum(a)land. Wer wir sind und sein könnten. Identität & Zusammenhalt in Ost und West, Berlin: Karl Dietz Verlag (hrsg. für die Friedrich-Ebert-Stiftung) 2021, S. 88 ff.

6 https://twitter.com/christianbangel/status/118905857918 3099904

7 Adriana Lettrari, Christian Nestler, Nadja Troi-Boeck (Hrsg.): Die Generation der Wendekinder: Elaboration eines Forschungsfeldes, Berlin: Springer 2015.

8 Marlen Hobrack: Klassenbeste: Wie Herkunft unsere Gesellschaft spaltet, Berlin: Hanser 2022, S. 5 f.

9 Vieles ist heute über die Traumata dieser frühzeitigen Trennung von Familien bekannt: Lisa Duhm: Wochenkrippen in der DDR. Wenn Eltern zu Fremden werden, *Spiegel Online*, 21.04.2023.

10 Inga Brantin: Mythos Ostfrau. Ostfrauen: Selbstbewusst. Unabhängig. Erfolgreich. Die DNA des Ostens, *MDR*, 07.03. 2023.

11 Zitat aus Ulrich Plenzdorf: Die Legende von Paul & Paula, Berlin: Henschelverlag 1974. Die Verfilmung von 1973 wurde Kult in der DDR.

12 Steffen Mau: Lütten Klein – Leben in der ostdeutschen Transformationsgesellschaft. Sonderausgabe für die Bundeszentrale für Politische Bildung 2019, S. 194.

13 Ebd., S. 195.

14 *Welt*: Drastischer Bevölkerungsrückgang seit der Wende, 29.09.2010.

15 Johannes Stauder, Dagmar Jäger: Der Partnermarkt der Wendekinder. Über die langfristigen Auswirkungen des Geburteneinbruchs in Ostdeutschland nach der Wende. In: Daniel Baron et al. (Hrsg.): Erklärende Soziologie und soziale Praxis, Wiesbaden: Springer 2019, S. 159–191.

16 Hildegard Maria Nickel, Martin Kopplin: Kommentierung des ALLBUS 2018, *MDR*, 28.02.2019.

17 Viele Gründe finden sich in Emilia Roig: Das Ende der Ehe. Für eine Revolution der Liebe, Berlin: Ullstein Buchverlage 2023.

18 Ausdruck für: »Sieh mal einer an.«

19 Naika Foroutan, Jana Hensel: Die Gesellschaft der Anderen, Berlin: Aufbau Verlag 2020, S. 53.

20 Die mediale Fortschreibung von Stereotypen über Ostdeutsche stellt eine strukturelle Barriere dar, wie ein Diskussionspapier der Otto Brenner Stiftung zeigt. Auch aufgrund der Themenauswahl, mangelnder Repräsentation in Newsrooms sowie der Marginalisierung ostdeutscher Stimmen und fehlender Partizipation in der Berichterstattung bleiben Stereotype bestehen. Lutz Mükke: 30 Jahre staatliche Einheit – 30 Jahre mediale Spaltung. Schreiben Medien die Teilung Deutschlands fest?, Frankfurt a.M.: Otto Brenner Stiftung 2021.

21 Foroutan, Hensel: Die Gesellschaft der Anderen, S. 291f.

22 Christoph Richter: Sachsen-Anhalt. Jeder zweite Hochschulabsolvent verlässt das Land, *Deutschlandfunk*, 02.05.2019.

23 Simon Sinek, Podcast-Episode 63: *Two Bits of Optimism with Brené Brown and Adam Grant*.

24 Foroutan, Hensel: Die Gesellschaft der Anderen, S. 277.

Kapitel 3: Aufsteiger:innen: Die Panzerknacker der Klassendecke

1 Beispielhaft sei hier genannt Christian Baron: Ein Mann seiner Klasse: Eine Geschichte vom Leben und Sterben, vom Nacheifern und Abnabeln, vom Verdammen und Verzeihen, Berlin: Claassen Verlag 2020.

2 Klassenzimmer »Woher kommst du wirklich?« – Gespräch

von Vanessa Vu mit Jesko zu Dohna, Schaubühne Berlin, 22.10.2021, URL: https://www.youtube.com/watch?v=zDvQ1oW3RO8; Julia Friedrichs: Gestatten: Elite. Auf den Spuren der Mächtigen von morgen. Hamburg: Hoffmann und Campe 2008; Louis Klamroth, Julia Friedrichs: Die Wahrheit übers Erben – Warum Reiche immer reicher werden, *ZDF*, 11.11.2021. Auch die Beiträge der Initiative »Tax me now« sind sehenswert.

3 Anke Stelling: Plastikteile. In: Maria Barankow, Christian Baron (Hrsg.): Klasse und Kampf, Berlin: Ullstein Buchverlage 2021, S. 98 ff.

4 Alle Zahlen in: Oxfam: Bericht zu sozialer Ungleichheit. Umsteuern für soziale Gerechtigkeit, 16.01.2023.

5 Über die ungleiche Aufwendung der Lebenszeit von Menschen für Erwerbsarbeit, Sorgearbeit, politische Arbeit, ehrenamtliche Arbeit oder Reproduktionsarbeit siehe: Teresa Bücker: Alle_Zeit. Eine Frage von Macht und Freiheit, Berlin: Ullstein Buchverlage 2022.

6 Francis Seeck, Brigitte Theißl (Hrsg.): Solidarisch gegen Klassismus – organisieren, intervenieren, umverteilen, Münster: Unrast Verlag 2023, S. 11.

7 Andreas Kemper, Heike Weinbach: Klassismus. Eine Einführung, Münster: Unrast Verlag 2009.

8 Karl Grünberg: Bio-Kita und Brennpunkt-Kita in Berlin: Ene, mene, muh, und raus bist du, *Tagesspiegel*, 07.07.2015.

9 Francis Seeck: Zugang verwehrt. Keine Chance in der Klassengesellschaft: wie Klassismus soziale Ungerechtigkeit fördert, Zürich: Atrium Verlag 2022.

10 *Manager Magazin*: Ungefördert, aber hoch motiviert, 29.06.2023.

11 Didier Eribon: Rückkehr nach Reims, Berlin: Suhrkamp Verlag 2016, S. 157 ff.

12 Jennifer M. Morton: Moving Up without Losing Your Way: The Ethical Costs of Upward Mobility, Princeton University Press 2019.

13 Mareice Kaiser: Wie viel. Was wir mit Geld machen und was Geld mit uns macht, Hamburg: Rowohlt Verlag 2022, S. 16.

14 *Deutschlandfunk Nova*: Wie soziale Ungleichheit Paare trennt – und wie wir zueinanderfinden, 11.11.2022.

15 Danielle Kurtzleben: If you grew up far richer than your spouse, it will likely change your marriage, *Vox*, 23.03. 2015.

16 Vanessa Vu: »Ich möchte nicht wie meine Herkunftsfamilie leben.« In: Klassenzimmer »Woher kommst du wirklich?«, Schaubühne Berlin, 22.10.2021. URL: https://www.youtube.com/watch?v=zDvQ10W3RO8

17 Olivier David: Keine Aufstiegsgeschichte – Warum Armut psychisch krank macht, Berlin: Eden Books 2022.

18 Zu den klassistischen Ausschlüssen des Bildungssystems siehe Seeck: Zugang verwehrt. Zu den rassistischen Ausschlüssen siehe Natasha A. Kelly: Rassismus. Strukturelle Probleme brauchen strukturelle Lösungen!, Zürich: Atrium Verlag 2021.

19 Morton: Moving up without losing your way.

Kapitel 4: Migrationskinder: Die Zukunftsseismograf:innen

1 Ferda Ataman: Ich bin von hier. Hört auf zu fragen!, Frankfurt a.M.: Fischer 2019, S. 3 ff.

2 *Othering* bedeutet, dass Menschen zu etwas Fremdem gemacht werden. Dieses »anders machen« ist Zuschreibung, nicht Fakt, und dient der Bewertung von Menschen. Othering umfasst Sichtbarmachen (»Du gehörst hier nicht her.«) und auch Unsichtbarmachen (»Armut gibt es bei uns nicht. Alle haben die gleichen Chancen.«) der Anderen gleichermaßen als Mittel zur Ausgrenzung und Abwertung.

3 Emilia Roig: Why We Matter. Das Ende der Unterdrückung, Berlin: Aufbau Verlag 2021.

4 Center for Intersectional Justice (CIJ) im Auftrag des Deutschen Zentrums für Integrations- und Migrationsforschung (DeZIM-Institut): Bericht zu Intersektionalität und Antidiskriminierung in Deutschland. 2019. Zur historischen Dimension: »Es gibt klare Kontinuitäten und gegenseitige Einflüsse zwischen Kolonialrassismus, Antisemitismus, patriarchischer und kapitalistischer Unterdrückung und heutigen Diskriminierungsmustern. Diese Ereignisse bestimmen weiterhin die Art und Weise, wie wir als Individuen und Gesellschaften ver-

schiedene Personengruppen klassifizieren und hierarchisieren, und wie Zugänge zu Ressourcen, Rechten und Macht aufgeteilt werden.« Ebd., S. 17.

[5] Aladin El-Mafaalani: Das Integrationsparadox. Warum gelungene Integration zu mehr Konflikten führt. Köln: Verlag Kiepenheuer & Witsch 2020.

[6] Als Beispiel sei genannt Tupoka Ogette: exit RACISM: rassismuskritisch denken lernen, Münster: Unrast Verlag 2019.

[7] Kelly: Rassismus.

[8] Naika Foroutan, Frank Kalter, Coşkun Canan, Mara Simon: Postmigrantische Gesellschaften: Ost-Migrantische Analogien. Version: 1.1.0. Deutsches Zentrum für Integrations- und Migrationsforschung (DeZIM) 2020.

[9] Miriam Davoudvandi: Migrantische Symbolfigur Haftbefehl. Weil er unsere Sprache spricht, *Spiegel Online*, 10.06.2020.

[10] Kübra Gümüşay: Sprache und Sein, Berlin: Hanser 2019.

[11] Foroutan, Hensel: Die Gesellschaft der Anderen, S. 281–292.

[12] Ebd., S. 288 ff.

[13] Ebd., S. 290.

[14] Kelly: Rassismus.

[15] Vanessa Vu: Migranten: Sie werden die Mächtigen sein, *Zeit Online*, 30.05.2023.

Kapitel 5: Zusammenhalt in Vielfalt

[1] Exemplarisch seien hierfür die Berichte der Allbright-Stiftung zu Geschlechtergerechtigkeit genannt: https://www.allbright-stiftung.de/berichte sowie das Konzept zur Steigerung von Ostdeutschen in Führungspositionen der Bundesregierung: https://www.bundesregierung.de/breg-de/suche/ostdeutsche-in-fuehrungspositionen-2160178

[2] Er ist direkt für innere Arbeit und innere Zugewandtheit auf transformationskompetente Menschen übertragbar und ich empfehle den Appell sowohl allen jungen Ostdeutschen, Menschen mit Migrationsbiografie der zweiten und dritten Generation als auch allen Aufsteiger:innen. In: Meg Jay: Supernormal: The Untold Story of Adversity and Resilience, New York: Twelve 2017, S. 297 ff.

3 Julia Beil: Weshalb heute niemand mehr Chef werden will, *Handelsblatt*, 11.11.2022.

4 In Deutschland leisten Frauen im Durchschnitt etwa einein-halbmal so viel unbezahlte Sorgearbeit wie Männer. 34-jähri-ge Frauen weisen durchschnittlich den höchsten Gender Care Gap zu Männern desselben Alters auf: fast neun Stunden pro Tag unbezahlte Sorgearbeit im Vergleich zu drei Stunden. Aus: Clara Schäper, Annekatrin Schrenker, Katharina Wroh-lich: Gender Pay Gap und Gender Care Gap steigen bis zur Mitte des Lebens stark an, *Deutsches Institut für Wirtschaft*, DIW Wochenbericht 9/2023, S. 99–105.

5 INSEAD: Professor Herminia Ibarra on women and the ›vi-sion thing‹. 2012, URL: https://www.youtube.com/watch?v=-ZBYTlKnLSMk&t=4s

6 Pola Schneemelcher: Close the gap!, *Dezernat Zukunft*, 11.03.2021.

7 Statistisches Bundesamt, Pressemitteilung: Stille Reserve am Arbeitsmarkt im Jahr 2021 bei gut 3,1 Millionen Menschen, 27.01.2023. URL: https://www.destatis.de/DE/Presse/Presse-mitteilungen/2023/01/PD23_035_13.html

8 Jonas Wengert: Das lange Warten auf mehr Therapieplätze, *ZDF heute*, 28.01.2023. URL: https://www.zdf.de/nach-richten/panorama/psychotherapie-bedarf-anstieg-warteplaet-ze-100.html

9 Schneemelcher: Close the gap!

10 Anna Mayr: Wer morgen Fachkräfte will, braucht heute die Kindergrundsicherung, *Die Zeit*, 24.02.2023.

11 Siehe auch Bestrebungen der Together Foundation oder des Bündnis »Vertrauen Macht Wirkung«.

12 Einen Vorschlag, wie das aussehen kann, macht das Bündnis »Digitale Zivilgesellschaft«, dem auch meine Organisation future_s angehört: https://digitalezivilgesellschaft.org/

13 *Neue deutsche Medienmacher:innen*: Viel Wille, kein Weg. Diversity im deutschen Journalismus, Mai 2020.

14 So können mittlerweile teils für Ostdeutschland vorgesehe-ne Gelder nicht in die Regionen verteilt werden, weil es den Führungspersonen der Bundesministerien an ostdeutschen Netzwerken mangelt, an denen sie andocken können. Dies ist nur ein Beispiel, wie öffentliche und private Institutionen

zunehmend in ihrer Funktionalität eingeschränkt sind. Siehe auch Gusko: Das Potenzial der Wendekinder.

15 Tobias Seeger: Wo die Vier-Tage-Woche schon funktioniert, *Tagesschau.de*, 27.05.2023.

16 Hannes Leitlein: Interview mit Teresa Bücker – »Zeit wird als Machtinstrument eingesetzt«, *Zeit Online*, 21.10.2022.

17 Meine Organisation future_s konzipiert Zukunftsworkshops, in denen Menschen marginalisierter Gruppen zu ihren Zukunftsvorstellungen kollaborieren. In einem Workshop mit muslimischen Frauen beschrieben sie plastisch, wie ein Alltag ohne Angst vor rassistischer Gewalt aussehen könnte, inklusive der Meilensteine, die dorthin führen könnten. Leider ist diese Beschreibung insbesondere für Frauen in Deutschland, die ein Kopftuch tragen, noch immer eine Utopie. Ebenso vorstellbar für sie ist ein autoritärer Polizeistaat, der physische und psychische Repressalien vorsieht. Mehr in: Kübra Gümüşay et al.: Antirassistische und gleichberechtigte Zukunftsvisionen – Research Note zum Projekt »Wie könnte eine antirassistische gleichberechtigte Vision unserer Gesellschaft aussehen?«, future_s, i.E.

18 Frieden und Sicherheit für alle Menschen weltweit gelten als Utopie. Und doch hat die Bundesregierung am 01.03.2023 ihre Leitlinien für feministische Außenpolitik beschlossen. Dies ist auch Ergebnis der Arbeit transformationskompetenter Menschen wie Kristina Lunz und Düzen Tekkal in der Zivilgesellschaft.

19 Niemand erklärt mehr als sie, transformationskompetente Menschen sind als »Erklärbären« unsichtbarer sozialer Kitt. Sie mussten sich immer erklären, waren nie einfach da. Die Autorin Kübra Gümüşay fand hierfür einmal ein treffendes Bild: Wenn eine weiße Person zu einer muslimischen Hochzeit geladen ist, finden sich immer einige muslimische Gäste, die ihr den Ablauf erklären: Jetzt passiert das darum und deshalb. Andersherum geschieht das auf christlichen oder standesamtlichen Hochzeiten nur äußerst selten.

20 Mehr hier: https://brafe.space/

21 Julia Friedrichs im Gespräch mit Shelly Kupferberg: »Working Class« – Warum das soziale Aufstiegsversprechen nicht mehr funktioniert, *Deutschlandfunk Kultur*, 27.02.2021.

22 Das albanische Wendekind Lea Ypi wurde 1978 geboren und wuchs während des Zusammenbruchs der Sowjetunion auf. Über Freiheit schreibt sie: »Meine Familie setzte den Sozialismus mit Verleugnung gleich: die Verleugnung dessen, was sie sein wollten, des Rechts darauf, eigene Fehler zu machen, aus ihnen zu lernen und die Welt zu ihren eigenen Bedingungen zu entdecken. Ich setzte Liberalismus mit gebrochenen Versprechen gleich, mit der Zerstörung von Solidarität, mit dem Anspruch auf vererbte Privilegien und dem bewussten Ausblenden von Ungerechtigkeit.« In: Lea Ypi: Frei. Erwachsenwerden am Ende der Geschichte. Berlin: Suhrkamp 2023, S. 328.

23 Ivan Krastev: Ist heute schon morgen? Wie die Pandemie Europa verändert, Berlin: Ullstein Buchverlage 2020.

24 Sandra Plümer, Maximilian Schiffers: Dynamics of policy change: Conceptualising policy change and stability in a transforming society, *dms – Der moderne Staat – Zeitschrift für Public Policy, Recht und Management*, 15. Jg. 02/2022, S. 275 ff.

25 Robert Braun: Protectors of Pluralism. Religious Minorities and the Rescue of Jews in the Low Countries during the Holocaust, University of California, Berkeley 2019.

26 Dies ist eine Erkenntnis, die sich in allen von future_s durchgeführten immersiven Zukunftsworkshops mit marginalisierten Gruppen durchzieht. In: Laabich-Mansour, Gümüşay, Gusko et al.: Antirassistische und gleichberechtigte Zukunftsvisionen.

27 Politik- und Rechts-Akteur:innen ermöglichen Allianzen, da sie Räume schaffen für Austausch und Entscheidung (Community Engagement, Power Sharing), indem sie strukturelle Barrieren beseitigen und Ressourcen für die Allianz und ihren Prozess zur Verfügung stellen.

Du trägst Wandel in dir

1 Ypi: Frei, S. 328 f.